Als Ohijesa alias Dr. med. Charles A. Eastman seine *Jugenderinnerungen* (it 519) und seine *Indianergeschichten aus alter Zeit* niederschrieb, war er etwa 40 Jahre alt. Er wurde vermutlich 1858 geboren. Zu dieser Zeit drangen Tausende von weißen Siedlern in das Indianer-Territorium ein und errichteten eine Farm nach der anderen auf dem Santee-Sioux-Land. Die letzten Reste der dort lebenden Indianerstämme wurden in Lager getrieben und schließlich in den Westen abgeschoben.

Ohijesa verbrachte seine Kinder- und Jugendjahre in der Welt der letzten freilebenden Prärie-Indianer in den Grassteppen und Wäldern Dakotas und Minnesotas, immer wieder auf der Flucht vor den Siedlern und Soldaten. So sind seine Erinnerungen geprägt von dem Bewußtsein, als einer der Letzten seines untergehenden Volkes Zeugnis zu geben vom Leben der Indianer.

Er widmet dieses Buch, dessen erster Teil die Mädchenerziehung, die Stellung und Bedeutung der Frau im Leben der Indianer schildert, seinen Töchtern. Nicht nur der Alltag des Jäger- und Sammlervolks wird aus der Perspektive der weiblichen Aufgaben rekonstruiert, sondern auch von den großen Kämpfen mit den Rees und Mandanen ist im zweiten Teil die Rede, von der großen Hungersnot und vom Indianeraufstand in Minnesota.

insel taschenbuch 861

Indianergeschichten

INDIANER GESCHICHTEN AUS ALTER ZEIT

Von Charles A. Eastman
Deutsch von Elisabeth Friederichs
Mit einem Nachwort
herausgegeben von Dietrich Leube
Illustrationen und Anmerkungen
von Frederick Weygold

Insel Verlag

Umschlagabbildung von Frederick Weygold
Dieser Ausgabe liegt die Übersetzung zugrunde, die 1920 bei der Agentur des Rauhen Hauses Hamburg erschien.

insel taschenbuch 861
Erste Auflage 1985

Vertrieb durch den Suhrkamp Taschenbuch Verlag
Umschlag nach Entwürfen von Willy Fleckhaus
Satz: Fotosatz Otto Gutfreund, Darmstadt
Druck: Ebner Ulm · Printed in Germany

1 2 3 4 5 6 – 90 89 88 87 86 85

Inhalt

Erster Teil
Indianische Frauen

Winona, das Kind 11
Winona, die Jungfrau 19
Snanas Hirschkälbchen 31
Nagi Juha, Sie, die eine Seele hat 39
Die Friedensstifterin 47
Machpia To 53
Langohrs Treue 65
Die Kriegsjungfrau 73

Zweiter Teil
Indianische Krieger

Tatokalas Liebe 87
Die Tollheit Anokasans, des Weißköpfigen Adlers 121
Der singende Geist 127
Die Hungersnot 141
Der Kriegshäuptling 151
Des weißen Mannes Botschaft 165
Das Hundegrab 177

Nachwort von Dietrich Leube 187
Anmerkungen und Erklärungen zur deutschen Ausgabe (1920) 201

Diese Geschichten aus altindianischem Leben, vor allem die Erzählungen von den tapferen und doch echt weiblichen Frauen unseres Volkes, widme ich meinen Töchtern: Dora, Irene, Virginia, Eleonore und Florentia.

C. A. Eastman (Ohijesa)

Erster Teil

Indianische Frauen

Winona, das Kind

»Tschinto, uijanna! Ja, ja, fürwahr! Es ist ein richtiges kleines Mädchen!« sagt die alte Großmutter, als sie das zarte kleine Wesen in Empfang nimmt und aufmerksam betrachtet. Die Alte beachtet kaum die Farbe von Haar und Augen, die beide in tiefstem Schwarz erglänzen, aber sie prüft die zarten Linien des kleinen Gesichts auf das genaueste.

»Ah! Die Nase ihrer Ahnen! Lippen, so dünn wie ein Blatt, und Augen, so glänzend wie Wintersterne!« ruft sie aus, als sie das in Pelz gewickelte kleine Bündel der anderen Großmutter reicht.

»Toki! Sie ist so niedlich, daß der Abendstern ihr zuzwinkern wird«, bemerkt die andere Großmutter lächelnd.

»Und wie soll sie heißen?«

»Nun, natürlich Winona, die Erstgeborene; das ist ihr gutes Recht.«

»Pst! Vielleicht ist der Name nichts für sie. Erst muß sie sich würdig erweisen, diesen ehrenvollen Namen zu tragen.«

»Uh«, meint die erste Großmutter ein wenig beleidigt. »Jedenfalls kann sie ihn zur Probe bekommen.«

»Tosch, tosch! Ja, ja!« stimmt die andere zu.

Auf diese Weise hat die kleine Winona, ohne es zu wissen, den ersten Akt der indianischen Taufe erlebt.

Dann wickelt man sie in ein weiches, weißes Stück Hirschleder, das mit zarten Schilfblütenfasern gut gepolstert ist, und schnürt sie fest in den mit Wildhufen und Stachelschweinborsten reich verzierten und befransten Hirschledersack, der an einem Brett befestigt ist.[1] Diese reichgeschmückte Kindertrage wird der zweiten Großmutter auf den Rücken gehängt, und dann wandert die würdige Frau mit dem Neugeborenen davon.

»Du mußt mit mir kommen!« sagt sie. »Wir gehen zu den Vätern und Müttern, den Bäumen; du sollst sie hören in ihrer tausendfachen Sprache, damit du sie dein Leben lang verstehst. Ich will deine Wiege an der Utuhu, der Eiche, aufhängen; du sollst auch die Liebesseufzer des Tannenmädchens hören.«

In dieser Weise wird Winona der Natur vorgestellt und nach den Anschauungen der Indianer mit ihr vertraut.

»Da! Nimm sie!« sagt die Alte, als sie mit ihr aus den Wäldern zurückkommt. Sie gibt das Kind seiner Mutter, die im Schatten einer Ulme so ruhig dasitzt, daß man kaum glauben kann, daß sie soeben dem tapferen Tschetanska, dem Weißen Falken, ein Töchterlein geschenkt hat.

»Sie hat ein niedliches Gesichtchen, so zart und unschuldig wie ein Hermelin«, fügt die Großmutter freundlich hinzu.

Die Mutter redet nicht. Schweigend, beinahe ehrfurchtsvoll nimmt sie ihr Erstgeborenes in den Arm. Sie schaut in das samtweiche, kleine rote Gesicht und drückt das sorgfältig eingewickelte kleine Wesen fest an ihre Brust. Zum erstenmal fühlt sie, daß sie Mutter ist. Ein neues Leben, eine neue Hoffnung, ein Bindeglied zwischen ihr und einem neuen Geschlecht!

Ah! Ein Lächeln spielt auf ihren Lippen, sie hat ihr

Kind zum erstenmal geküßt. In seinen Augen, im Mündchen, entdeckt sie deutlich den Ausdruck, den sie in dem starken Gesicht eines anderen so liebt. Aber wie weich hat das Große Geheimnis[2] die Züge in dem kleinen Gesicht gebildet!

Für einige Monate heißt das Kind Winona, dann wird der Medizinmann aufgefordert, Tschetanskas erstgeborenem Töchterlein öffentlich einen Namen zu geben. Natürlich erhält er ein gutes Geschenk, ein treffliches Pony und eine schön bemalte Büffeldecke dafür. Man wählt meistens außer dem Namen »Winona« (»die Erstgeborene«) noch einige andere Namen; der erste kann aber, wenn sich das Mädchen dessen würdig erweist, später wieder angenommen werden. Der Name Winona bringt viele Verpflichtungen mit sich. Er bedeutet: gütig, hilfreich, mitleidsvoll sein, all das, was einer Ältesten vonnöten ist.

Der Herold macht seinen Rundgang im Lager. Singend kündet er die Taufe an und lädt alle zum Festschmaus. Eine indianische Taufe ist ein großes Ereignis. Die Armen erhalten viele Geschenke und Almosen. Wenn Winona die ersten Schritte tut, gibt es wiederum eine öffentliche Ankündigung, bei der wieder viele Geschenke verteilt werden. Ein Kind aus guter Familie wird seinem Stamm immer wieder bei jedem kleinen Fortschritt seines Lebens, dem ersten Laufen, dem ersten Schwimmen, ins Gedächtnis gerufen; bei einem Knaben gibt der erste Schuß mit Pfeil und Bogen, bei einem Mädchen das erste Paar selbstgearbeiteter Mokassins[3] Anlaß zu einem Fest und zum Geschenkverteilen.

So erhält Winona ihren zweiten Namen: Tatiopa, das heißt: »Ihre Tür«. Er ist symbolisch, wie die meisten indianischen Namen und bedeutet, daß ihre Tür stets gastlich offen und ihr Heim anziehend sein soll.

Die beiden Großmütter, die das Kind gewartet und gepflegt haben, erzählen und singen ihm von seinen bedeutendsten und tüchtigsten weiblichen Vorfahren, besonders von den Zwillingsschwestern, die von den Sternen herabkamen, um deren Mütter zu werden. Alle ihre Wiegenlieder sind Frauenlieder, um ihrem zarten Gemüt schon in frühester Jugend die Pflichten und Sitten ihres Geschlechts einzuprägen.

Sobald sie mit Puppen spielen kann, spielt sie voll Ernst und Würde Mutter. Sie ist, ebenso wie ihre Puppen, wie eine kleine Frau angezogen. Ihr Kleid ist aus Hirschleder gefertigt und mit Stachelschweinborsten und langen Fransen bestickt und verziert. Es reicht ihr bis auf die Knöchel. Die vielfältigen Farben sind aus Wurzelsaft hergestellt. Für die kleine Decke, mit der sie sittsam Kopf und Schultern bedeckt, hat ein Büffel- oder Hirschkalb sein Leben lassen müssen. Sie ist weich und weiß und auf der Haarseite bestickt; meistens läßt man Kopf und Hufe des Tieres daran.

»Vergiß nie, mein Töchterlein, daß du eine kleine Frau bist, wie ich. Mach mir alles nach«, ermahnt die Mutter.

Die Siouxsprache hat eine eigene Frauensprache. Ein kleines Mädchen würde sich sehr schämen, wenn man sie bei männlichen Ausdrücken ertappte.

Die Mutter fertigt für ihre kleine Tochter von jedem einfachen Werkzeug, das sie zu ihrer täglichen Arbeit braucht, eine kleine Nachbildung an. Da ist ein kleiner

Hirschhornschaber, um frische Häute zum Gerben vorzubereiten; noch ein anders geformter Schaber, ebenfalls zum Gerben, Knochenmesser und Steinhauer, um wilde Kirschen und Dörrfleisch zu zerstampfen.

Während sich die Mutter über eine große Büffelhaut beugt – sie hat sie auf der Erde aufgespannt, steht darauf und schabt mit großer Gewandtheit die Fleischreste ab –, steht die fünfjährige Winona auf einer Ecke des Felles und schabt und kratzt mit ihrem kleinen Schaber eifrig mit. Schleift die Mutter ihr Werkzeug, schleift das Kind das seine ebenfalls. Holt die Mutter Wasser – sie benutzt dazu einen getrockneten Herzbeutel irgendeines Tieres –, holt Winona in einem ganz kleinen Behälter ebenfalls Wasser. Geht die Mutter Holz suchen, lädt sich das Kind auch ein paar Reiser auf den Rücken. Sie stellt ihr Kinderzelt genauso auf wie die Mutter das große. So lernt die Kleine schon vor ihrem zehnten Jahr das Leben in all seinen Bereichen kennen. Sie lernt ihr kleines Ich als Bestandteil ihres Volkes betrachten, als ein Glied in der Kette der Geschlechter. Dabei werden ihre Kräfte aber nicht überanstrengt; man zwingt sie zu keiner Arbeit. Ihre Arbeit entspricht dem Spielinstinkt des Kindes und ist völlig natürlich. Diese Art der Erziehung zeitigt früh den Wunsch, anderen zu dienen und für andere zu leben. Die kleine Winona ist glücklich, wenn sie geben und schenken darf; sie freut sich, wenn man sie gern hat und spart nicht mit Liebesbeweisen.

»Mutter, ich möchte wie die Biber, Ameisen und Spinnen werden, denn Großmutter sagt, die sind am fleißigsten. Sie sagt auch, ich soll die Biene beobachten, die hat so viele Töchter und läßt, während sie arbeiten und Honig machen, keinen Jüngling an sie herankommen«, plappert die Kleine.

»Ja, das stimmt. Wir haben Gutes von ihrem Fleiß, denn wir nehmen ihnen öfters ihre Vorräte weg«, bemerkt die Mutter.

»Das ist doch unrecht, Mutter, denn sie wollen doch nicht mit uns teilen!« meint Winona.

»Aber ist denn die Biene nicht geizig, wenn sie soviel hat, aber mit niemand teilen will?«

»Wenn ich groß bin, dann helfe ich den Armen! Ich will ein großes Zelt haben und oft alte Leute einladen. Wenn die Leute alt werden, sind sie, glaube ich, immer hungrig, und wir müssen ihnen zu essen geben.«

»Die Eltern freuen sich, wenn ihre kleine Tochter geschickt und fleißig ist. Dann kann sie später einmal ein prächtiges Zelt haben und es innen gemütlich einrichten. Eine faule Frau hat nur ein kleines Zelt, und das ist immer schmutzig. Ihre Kinder haben trübe Augen, und der Mann ist meistens schlechter Laune«, belehrt die Mutter ernsthaft. »Und, Kind, es gehört noch etwas mehr dazu, um ein behagliches Heim zu besitzen: vor allen Dingen ein gutes Herz, Geduld und Schweigsamkeit. Wer zuviel redet, ist anderen unangenehm«, schließt sie.

Eines Tages hat diese sorgsame Mutter ein kleines, prächtiges Zelt aus einem Büffelkalbsfell hergestellt. Rundum, gerade unter den Rauchklappen und an beiden Seiten des Eingangs, hat sie mit roten Stachelschweinborsten eine Borte von kleinen Ringen gestickt. Inmitten eines jeden Ringes ist eine Quaste von weißem Roßhaar aufgenäht. Die Ecken der Rauchklappen und die Türklappe sind ebenso bestickt.

Behälter von ungegerbtem Leder, wie man sie im Haushalt braucht, und viereckige Beutel aus Hirschleder, schön mit blauen und weißen Perlen bestickt, sind im Innern zierlich aufgeschichtet. Zu beiden Seiten der Feuerstelle sind die gegerbten Felle eines Büffelkalbes und eines jungen Hirsches gebreitet. Wolf-, Bären- oder Wildkatzenfelle finden sich nicht darin; denn die darf kein Frauenfuß betreten, sie sind nur für Männer und stehen für männliche Tugenden. Puppen in allen Größen sind da, sogar ein ganz kleines Travoi[4] lehnt an der weißen Wand dieses Kinderzeltes. Selbst der junge Lieblingshund darf hinein, damit das Märchenheim der künftigen Frau vollständig sei.

»Jetzt, Töchterchen, mußt du dein Haus in Ordnung halten!«

Die Kleine darf ihre Freundinnen in ihr Zelt einladen. Dabei führen die Großmütter die Aufsicht; sie lassen ihre jungen Schutzbefohlenen nie lange aus den Augen. Die kleinen Besucher kommen mit ihren kunstvoll verzierten und gestickten Arbeitsbeuteln. Es sind Mokassins und andere Kleidungsstücke für die Puppen darin, an denen fleißig gearbeitet wird.

Die buntbemalten Lederbehälter sind für Nahrungsmittel und werden von den kleinen Gästen mit allerlei Leckerbissen gefüllt. Vielleicht ist dies für die Großmutter der angenehmste Teil des Spiels, denn sie wird dabei als Ehrengast aufs beste bewirtet.

Winona spielt selten mit Knaben, kaum mit den eigenen Brüdern und Vettern, und ist sie erst zwölf oder vierzehn Jahre alt, so spricht sie kaum noch mit ihnen. Bescheidenheit wird ihr von frühester Jugend auf anerzogen. Man hat bei unserem Volke die höchste Achtung vor einem Mädchen, das die Augen niederschlägt, den Kopf senkt, leise und wenig spricht.

Ein Mädchen muß von früher Jugend an ihre langen, glänzenden Haare sorgfältig pflegen, sie kämmen, flechten und mit in Öl getauchten, wohlriechenden Blättern einreiben. Man verlangt, daß sie äußerlich sehr auf sich hält, und Schmuck und schöne Gewänder gelten viel. Glücklicherweise veralten diese Kleider nie, und einmal im Besitz, behält sie die Eigentümerin für immer, es sei denn, daß sie sich bei irgendeinem ganz besonderen Fest davon trennen müßte oder sie als Opfergabe weiht, wenn sie trauert.

Tritt ein Mädchen ins heiratsfähige Alter, so erhält es vom Vater die Erlaubnis, ihren Stammesgenossinnen ein Jungfrauenfest zu geben. Es dürfen nur Mädchen, die in gutem Ruf stehen, daran teilnehmen. Viele solcher Feste veranstaltet oder daran teilgenommen zu haben, ist für eine Jungfrau Ehrensache.

Tatiopa ist mit fünfzehn Jahren bereits bekannt für ihre schönen Handarbeiten und die Freigebigkeit, mit der sie ihre Kunstwerke verschenkt. Jetzt heißt sie meistens Winona, die Gütige, Barmherzige. Sie kennt die Aufgabe der Frau, ein Heim so zu verwalten, daß es eines Kriegers würdig ist, und hält es für ihre schönste Pflicht, allezeit Gastfreundschaft und Barmherzigkeit zu üben. Mit diesen Grundsätzen reift sie zur Jungfrau heran.

Winona, die Jungfrau

Tiefblau wölbt sich der Himmel und schaut durch die kleinen Lücken eines üppigen grünen Blätterdaches. Da sitzen zwischen einer stattlichen Tanne und einer schlanken Birke zwei Siouxmädchen[5] auf ihren weichen Hirschfellen; es ist Winona und ihre Freundin Minijata. Sie haben um sich herum ihre Herrlichkeiten ausgebreitet; auf feinen Birkenrinden liegen verschiedenartig gefärbte Stachelschweinborsten, daneben Mokassinstulpen, die in allen bunten Herbstfarben bestickt sind.

Sie stehen in den Jahren, in denen eine Jungfrau sorgfältig von Brüdern, Vettern und sonstigen Jünglingen ferngehalten wird und in die Abgeschiedenheit dichter Wälder, hinter den Schleiern grüner Blättermassen verschwindet. Sie soll auf diese Weise ihre weiblichen Tugenden voll und ganz entfalten. In der Einsamkeit nachdenkend, entweder ganz allein oder mit einer erwählten Freundin, gewinnt sie unmittelbar aus der Natur eine geheime Kraft.

Winona besitzt die starke Schönheit der wilden Prärielilie, die, rein und kräftig, in ihrem tiefen Rot und Gelb aus der Ebene gegen den Horizont aufleuchtet und wie ein Kind sich sonnt und wärmt; beobachtet man sie aber, so senkt sie schamhaft den Kopf. Beide Mädchen tragen prächtige, lose hirschlederne Gewänder mit dem üblichen weiten Ledergürtel um den Leib.

»Komm, wir wollen den heiligen Tanz üben!« sagt die eine zur anderen. Sie winden Kränze von wilden Blumen

und schmücken ihr langes Haar damit. In langsamen Schritten tanzen sie um die Birke und singen dabei ihre feierlichen Lieder.

Da erscheint in weiter Ferne, nur wie ein Pünktchen sichtbar, auf dem blauen See ein Kanu.

»Sieh, wie die Ruder schlagen!« ruft Winona.

»Wie eine Forelle, wenn sie im Wasser aufschnellt«, ergänzt Minijata.

»Hoffentlich entdecken sie uns nicht; aber ich möchte doch gern wissen, wer es ist«, sagt Winona unschuldig.

Das Kanu kommt schnell heran. Zwei Jünglinge holen mit den leichten Zedernrudern kräftig aus. Still setzen sich die Mädchen wieder zu ihrer Arbeit nieder, als hätten sie nie getanzt, gesungen und Kränze gewunden, und sticken fleißig und schweigend an ihren Mokassins. Sie wollen die Aufmerksamkeit nicht auf sich lenken, denn die beiden kühnen Krieger sind bereits gelandet. Sie ziehen das Kanu an Land und verbergen es sorgfältig am Ufer. Dann verschafft sich der eine einen langen Pfahl, und sie heben einen Hirsch aus dem Boot. Das Tier sieht aus, als schliefe es; die Vorder- und Hinterläufe werden zusammengebunden, und dann wird es an dem Pfahl fortgetragen.

Alles geschieht schnell und gewandt. Da stoßen sie unerwartet auf das Versteck der Mädchen. Einen Augenblick stehen sie still, wie stumm um Entschuldigung bittend. Die Mädchen lächeln ihnen Vergebung zu, und fort geht es eilig zurück ins Lager. –

Die indianische Frau wahrt in ihrer ruhigen Art die Ehre des Hauses. Von unserem Standpunkt aus verletzen die Weißen das Gesetz. Das Große Geheimnis schmückt die Frau nicht mehr als den Mann. In der Tierwelt erhielt er Hörner, eine wallende Mähne oder üppiges, buntes Gefieder. Die Frau wurde einfach, anmutig, bescheiden und lieblich geschaffen. Von ihr hängen die Ehren und Würden des Mannes ab. In ihr ruht das Lebensglück und die Wohlfahrt des Hauses und der Familie. Ich habe mir oft klargemacht, daß in dieser einfachen Weisheit eines schlichten Naturvolkes ein tiefer Sinn verborgen liegt.

Eine Häuptlingstochter alter Zeit hielt es durchaus nicht für unter ihrer Würde, auch schwer zu arbeiten. Sie wurde nach ihren Arbeitsleistungen, dem Geschick und Willen dazu eingeschätzt; sie arbeitete aber nicht, um Schätze anzusammeln, sondern um anderen Geschenke zu machen. Winona kann einem Wildfell das Haar abschaben, es gerben und in drei Tagen so zubereiten, daß man es zu Mokassins und anderen Stickereien verwenden kann. Sie besitzt verschiedene Knocheninstrumente, um die steife Wildhaut in samtweiches Leder zu verwandeln. Mit geschickter Hand bemalt sie Lederbehälter und Zelte und fertigt sämtliche Kleidungsstücke selbst an.

Großmut und Freigebigkeit zeichnen die Siouxfrauen in besonderem Maße aus. Winona verfertigt viele Mokassins und sonstige Kleidungsstücke für ihre weiblichen Verwandten und für Arme. Sie ist stolz, ihren Bruder stets am besten gekleidet zu sehen; die Mokassins eines jungen Kriegers sind Gegenstand besonderen Ehrgeizes und Stolzes seiner weiblichen Verwandten.

Sie selbst kleidet sich ordentlich und geschmackvoll, aber meist sehr schlicht. Ihr Hirschlederkleid hat weite, offene Ärmel und ist am Hals ausgeschnitten, aber nicht so tief wie die Gesellschaftskleider weißer Frauen.

Die Mokassins sind einfach, ihre Beinkleider eng anschließend und nicht so lang wie die ihres Bruders. Sie teilt ihr schwarzes, glänzendes Haar und flicht es in zwei Zöpfe. In alter Zeit trug man es in einen Zopf geflochten und schmückte es mit Wampum.[6] Ihr Schmuck, den sie übrigens wenig trägt, besteht aus Perlen, Wapitizähnen[7] und ein wenig roter Farbe. Federn werden von Frauen nur bei religiösen Tänzen getragen.

Die Frauen beschäftigen sich fast ausschließlich mit den Arbeiten, die ihnen vorbehalten sind, oder vergnügen sich mit irgendeiner geselligen, natürlich ebenfalls streng weiblichen Unterhaltung; selbst in ihrer Sprache bedienen sie sich weiblicher Ausdrücke. Die Indianersprachen unterscheiden männliche und weibliche Worte und solche mit männlichen und weiblichen Endungen.

Für das Sitzen und Stehen gibt es genaue Vorschriften, die streng beachtet werden. Die Frau darf beim Sitzen nie die Knie hochziehen oder die Füße kreuzen; sie sitzt seitwärts auf der Erde und hat beide Füße auf einer Seite.

Trotz der Bescheidenheit und Zurückgezogenheit ihres Lebens fehlt es den Siouxmädchen keineswegs an Freuden und Erholung.

Schwimmen und Spielen im Wasser ist eines der größten Sommervergnügen. Winona ahmt mit den Fußsohlen den eigentümlich klatschenden Ton nach, den der Biber hervorbringt, wenn er mit seinem breiten Schwanz auf die Oberfläche des Wassers schlägt. Sie ist eine treffliche Schwimmerin; sie hält dabei die Füße fest zusammen und bewegt sie vor- und rückwärts, wie ein Fisch seine Schwanzflossen.

Die meisten Mädchenspiele sind anders als die der Knaben. Sie üben sich zum Beispiel im Stabwerfen. Das obere Ende des Stabes ist etwa zwei Zentimeter dick, verjüngt sich nach unten zu auf einen Zentimeter Dicke und läuft in eine Horn- oder Knochenspitze aus. Bei dem weiblichen Ballspiel, einer Art Hockey, wird der Ball mit einem gebogenen Stock zwischen zwei Grenzmalen hin- und hergetrieben. Es können zwei oder drei, aber auch bis zu hundert Mädchen auf jeder Seite daran teilnehmen. Ein Spiel zwischen zwei Lagern oder Bäumen bietet einen malerischen Anblick.

Ein häuslicher Zeitvertreib ist das Hufspiel. Es wird mit sechs Hufen, die an einer Schnur aufgereiht sind, ausgeführt. An einem Ende ist eine Ahle befestigt. Man muß die Hufe so in die Luft werfen, daß man einen oder mehrere mit der Spitze der Ahle wieder auffängt. Das Spiel erfordert viel Geschicklichkeit. Eine andere Beschäftigung bietet das Spiel mit markierten Pflaumensteinen, die – gleich Würfeln – in einem Gefäß geschüttelt werden. Es zählt die Seite, die nach oben weist.

Wie es bei ihrem Stamm Brauch ist, so nähert sich der Freier auch unserer Winona. Wie bei jedem anderen Volk kann die Hochzeit zu jeder Jahreszeit gefeiert werden. Die meisten Hochzeiten finden aber im Hochsommer statt, wenn man am liebsten Feste veranstaltet. Jünglinge wie Mädchen wandern meist zu zweien umher. Scheinbar zufällig begegnen sie sich im Laufe des Tages in den Wäldern, am Bach, am liebsten aber im Dunkeln außerhalb der Zelte. Jeder ist zum Schutz oder aus Anstand in Begleitung seines Gefährten. Man spricht so leise, daß es auch die Begleiter nicht verstehen können.

Beim Klang der großen Trommel wird an Sommerabenden innerhalb des Lagerkreises getanzt. Außerhalb des Lagers streichen die Jünglinge mit ihren Flöten umher. Sie sind in ihre besten Decken gehüllt, so daß die Vorübergehenden sie nicht erkennen können, und spielen die einfachen Weisen ihres Volkes. Bei jeder Pause im Spiel stößt der junge Mann einen jauchzenden Ruf aus, den die Mädchen oft mit hellem Lachen beantworten.

Matosapa – der Schwarze Bär – liebt Winona seit jener Begegnung am Seeufer im grünen Tannenversteck. Er hat aber kaum Gelegenheit, mit ihr zu reden; sie bietet sich erst eines Abends, nachdem die Tänze beendet sind. Es brennt kein Feuer mehr im Lager; nur ein schwacher Lichtschimmer aus dem Innern der Zelte mischt sich mit dem Mondschein. Die Liebenden wandeln wie Geister umher. Matosapa hat mit seinem engsten Freund Hechaka Gitika, dem Tapferen Hirsch, bereits einen Rundgang gemacht.

»Freund, erweise mir heute nacht einen Gefallen!« ruft er endlich aus. »Öffne diese Tür für mich, ich will zum ersten Male in meinem Leben mit einem Mädchen reden.«

»Ach«, meint Hechaka, »hat die Großmutter deiner Auserwählten auch keine bissigen Hunde?«

»Was man unter Gefahren erringt, schätzt man am meisten«, erwidert Matosapa.

»Ho, Freund! So leise wie das Schwälblein von seinem Nest auffliegt, so geräuschlos hebe ich für dich den Türvorhang. Aber, Freund, Vorsicht! Die Alte hat gute Ohren! Laß dein Herz nicht zu laut schlagen!«

So nähern sie sich mit Scherzen und Lachen einem großen Büffelzelt, von dessen höchster Spitze ein Roßschweif herabweht, um den hohen Rang seines Besitzers anzuzeigen. Die Flöten schweigen, und geräuschlos schleichen sie sich an.

Hechaka öffnet die Tür, und Matosapa betritt das Zelt. Es ist Brauch bei den Sioux, daß ein Mädchen aus angesehener Familie ihr eigenes kleines Zelt inmitten des großen besitzt. Er geht an der schlafenden Familie vorüber auf dieses innerste Gemach zu. Dort weckt er Winona leise. So heischt es die Sitte, und sie wundert sich nicht darüber. Matosapa sitzt am Eingang und flüstert ihr leise von seiner Liebe. Sein Freund wartet indessen draußen. Sie antwortet nicht gleich. Selbst wenn sie seine Gefühle erwidert, ist es Brauch, zunächst zu schweigen. Bei diesem ersten Besuch weiß der junge Mann nicht, ob seine Sache gut oder schlecht steht. Er muß nun eine günstige Gelegenheit abpassen, um das Mädchen draußen zu treffen. – Vorläufig werden keine Geschenke gemacht. Der Handel mit Ponys und das »Kaufen« einer Frau ist erst spät aufgekommen.

Matosapa hat jede Gelegenheit wahrgenommen, und endlich hat ihm Winona schüchtern gestattet zu reden. Ein volles Jahr hat er darauf warten müssen. Während der Herbstjagden und im langen, kalten Winter versorgt er ihre Verwandten oft mit Wild.

Im nächsten Sommer erfahren endlich die Eltern der beiden jungen Leute von der Verlobung und treffen sogleich Vorbereitungen zur Hochzeit. Vorräte und Lekkerbissen aller Art werden für das Fest aufgespart. Auch Matosapas Schwestern und Basen erfahren die Neuigkeit und gehen sofort an die Arbeit, Kleider und Schmuck für die Braut herzurichten, denn das ist ihre Aufgabe.

In alten Zeiten wurden die großen Ereignisse im Menschenleben: Heirat und Geburt, heiliggehalten und mit großen Heimlichkeiten umgeben. Daher wurde die eheliche Verbindung zweier Menschen erst gefeiert, nachdem sie eingegangen worden war.

Plötzlich verschwindet das junge Paar. Sie wandern zusammen in die Wildnis und bringen einige Tage oder Wochen außerhalb des Lagers zu. Das ist ihre »Hochzeitsreise«, die sie – weitab von neugierigen oder zudringlichen Blicken – genießen. Nach einiger Zeit kommen sie wieder, jeder geht in sein Heim zurück, die Hochzeit wird laut verkündigt, und die Einladungen ergehen.

Die Braut wird der Familie des Mannes feierlich übergeben; sie wird von ihrer Verwandtschaft mit reichen Geschenken ausgestattet, die sie später unter ihren neuen Verwandten verteilt. Schön geschmückt macht Winona in einem Travoi den Umzug und wird von den neuen Verwandten feierlich empfangen. Mehrere Tage wird sie von den weiblichen Verwandten ihres Mannes feierlich angekleidet und bemalt, und in beiden Familien wird fröhlich die Hochzeit gefeiert.

Um weiblichen Edelmut zu schildern, möchte ich die Geschichte von Douanhotaninwin erzählen, der »Frau, deren Stimme im Gesang gehört wird«. Ihre Eltern waren auf der Jagd bei einem Angriff der Sac- und Foxindianer getötet worden, als sie kaum zehn Jahre alt war. Sie blieb bei ihrer Großmutter und wurde von der klugen Frau auf das sorgfältigste erzogen.

Die Natur hatte sie mit reichen Gaben ausgestattet und ihr ein sehr anziehendes frauliches Wesen verliehen. Dennoch war sie in ihrem 30. Jahr noch unverheiratet – etwas sehr Ungewöhnliches bei uns. Sie hatte eine Menge ebenbürtiger Verehrer unter den Sioux, aber sie nahm keinen Antrag an.

Einige Krieger, die sich besonders gegen die Stämme, die sie zur Waise gemacht hatten, hervorgetan hatten, warben beharrlich um sie, aber vergeblich.

Für einen Sommer schlossen die Sioux, die Sac und Fox auf Wunsch der Beamten des Großen Weißen Vaters (des Präsidenten der Vereinigten Staaten) einen Waffenstillstand, da er mit ihnen einen Vertrag machen wollte. Während der kurzen Zeit, in der die Feinde mit Tanz und Festen ihre Versöhnung feierten, warb ein bedeutender Krieger des feindlichen Stammes um Douanhotaninwin.

Mehrere ihrer alten Verehrer mühten sich gleichzeitig, ihre Hand zu gewinnen. Ihre Hochzeit hätte dann von den drei Stämmen gefeiert werden können.

Man stelle sich vor: das Mädchen erwählte den Feind ihrer Kindheit, einen von denen, die ihre Eltern grausam hingemordet hatten!

Sie floh bei Nacht mit ihrem Liebhaber in das Lager der Sac und Fox. War das nicht eine Schmach für die jungen Siouxkrieger? Mit Mühe und Not hielten die Beamten des Großen Vaters sie davon ab, ernste Unruhen auszulösen.

Douanhotaninwins alter Großvater erklärte die Sache aber öffentlich: »Hört, Jünglinge! Ihr seid tapfer! Beunruhigt euch nicht um die Tat einer jungen Frau! Sie bittet flehentlich um Abwendung aller Stammeskriege; das war, seit sie erwachsen, ihr geheimer Wunsch. Sie wird nie die Not ihrer Jugend vergessen, hat aber nie die Sac und Fox um ihrer Tat willen getadelt, noch sie für den Tod ihrer Eltern verantwortlich gemacht. Sie tadelt unsere Kriege. Sie glaubt, daß wir durch enge verwandtschaftliche Beziehungen zu unseren Feinden diese Greuel und die sinnlose Feindschaft beseitigen können. Dies war ihr hohes Ziel, und zu diesem Zweck bewahrte sie sich ihre Freiheit. Vergebt ihr, bitte, vergebt ihr!« –

Am Morgen war große Unruhe im Lager. Der Herold der Sac und Fox erschien in Festkleidern im Siouxlager und trug in der einen Hand das Sternenbanner, in der anderen die Friedenspfeife. Er stimmte ein Friedenslied an, machte die Runde durch das Lager und lud alle zur Hochzeit von Douanhotaninwin mit dem Sohn ihres Häuptlings. Damit war der Zwist beigelegt. Das Mädchen gewann sich durch ihre Einfachheit, ihre hohe Gesinnung und ihre Tapferkeit die Herzen beider Stämme, und es gelang ihr, solange sie lebte, zwischen ihnen Frieden zu halten.

Snanas Hirschkälbchen

Es war Frühling, und der Kleine Missouri[8] wälzte seine Wasserfluten durch üppige, blumige Hügel hinab zum Großen Missouri. Welch eine Farbenpracht! Gegen Sonnenaufgang sah man geheimnisvolle, tiefe Schatten und helle Vorberge, während die andere Seite in leuchtenden Farben erglänzte. Zwischen den bunten Bergkuppen und den in allen Regenbogenfarben schillernden Hügelketten dehnten sich weite Ebenen, gelegentlich unterbrochen durch trockene Bäche und Schluchten, die mit Pappeln und düsterem Beerengesträuch umsäumt waren. Und wie leuchtete dazwischen aus den Ebenen der scharlachrote Dakotakrokus!

Auf einem niedrigen Hügel stand an diesem herrlichen Maimorgen ein junges Siouxmädchen. Weiter oben arbeiteten ihre jungen Gefährtinnen eifrig mit dem Weuopteh, einem Stock mit scharfer Spitze, mit dem die Siouxfrauen wilde Wurzeln graben. Sie schwatzten munter oder summten ein Liebesliedchen bei der Arbeit. Nur Snana, Die Rassel, stand allein.

Sie hielt mit der Arbeit inne und schaute auf die sonnenbestrahlten Knospen. Über ihr, am Himmelszelt, reiste Vater Sonne eilig vorwärts, während ihr empfängliches Gemüt von einem ungekannten, ehrfurchtgebietenden Etwas durchschauert wurde, der wortlosen, aber gewaltigen Sprache des Großen Geheimnisses, auf die, wie sie meinte, die ganze Welt lauschen müßte.

»O Großes Geheimnis, komm, erhelle und belebe

mein Dasein! Erhöre mich! Laß mich eines Tages Mutter eines tapferen Kriegergeschlechts werden!« so betete das Mädchen in ehrfurchtsvollem Schweigen.

Nun war es Tag geworden. Die Sonne brannte heiß, und Snana wurde warm bei der Arbeit. In der Nähe war eine Schlucht und, wohl versteckt unter wildem Kirschgebüsch, eine Quelle. Zu der lief Snana, um ihren Durst zu stillen. Da, tief in der Schlucht, entdeckte sie die Spuren einer Hirschkuh mit ihrem Jungen. »Wenn ich sie fände und das Junge nehmen könnte!« dachte sie. »Wie schön würde Mutter das zarte braune Fellchen zubereiten! Schnauze und Klauen sticke ich erhaben mit Stachelschweinborsten; ich mache mir einen Arbeitsbeutel daraus!« sagte sie im Selbstgespräch.

Sie beobachtete, als sie der Spur nachschlich, jeden Busch, jeden Winkel auf das genaueste. Da: plötzliches Rascheln aus einem Dickicht wilder Pflaumenbäume, die dicht mit Waldrebe und Weinranken verwachsen waren, und davon lief die Hirschkuh, rasch und unbekümmert, als wolle sie niemals mehr umkehren.

Ah! Mutterlist! Snana arbeitete sich durch das dornige Buschwerk und fand im äußersten Winkel einer natürlichen Laube ein winziges Etwas mit einem gesprenkelten Fellchen.

Sie beugte sich darüber. Das Hirschkälbchen schlief, schlug aber sofort die Augen auf und zitterte am ganzen Körper.

»Du sollst nicht sterben, ich will keinen Arbeitsbeutel aus deinem Fell«, sagte das Mädchen unsicher. Mütterliche Gefühle begannen sich in ihr zu regen. Sie nahm das Tierchen zärtlich in die Arme, band die Läufe zusammen und lud es sich auf den Rücken, um es, wie man indianische Kinder trägt, in den Falten ihrer Decke zu bergen.

»Ich kann dich hier nicht allein lassen, Tatschintaler, mein Hirschkindchen, deine Mutter ist nicht da. Bald kommen unsere Jäger und finden ihre Spur«, murmelte sie.

Das wilde kleine Geschöpf wehrte sich zuerst heftig, war aber dann bald ruhig. Sein zierliches Köpfchen lugte über Snanas Schulter aus der Decke hervor. Sie kletterte mit ihrer Last langsam die Schlucht hinauf. Wie eine Erscheinung stand plötzlich die Hirschmutter vor ihr. Das Kleine hatte, als Snana sich seiner bemächtigte, zuerst laut geschrien; das hatte die Mutter, die nicht fern war, gehört. Nun schrie sie heftig nach ihrem Kind und scharrte mit den zarten Vorderläufen am Boden.

»Ja, Schwester, du hast recht, es ist dein Kind, du kannst es aber heute nicht schützen, denn bald kommen die Jäger. Ich will es hüten, ich bringe es dir sicher wieder. Und, Schwester des Waldes, hilf, daß ich einstmals Mutter eines tapferen Kriegergeschlechts und tapferer Frauen, so wie du eine bist, werden möge!«

Plötzlich bemerkte das Indianermädchen mit ihren scharfen Augen, daß die Hirschkuh unruhig wurde. Sie spähte nach allen Seiten umher, und siehe da! zwar noch in weiter Ferne, aber schon sichtbar, kam ein Grizzlybär auf die Gruppe zugetrottet.

»Lauf, Schwester, lauf! Ich rette dein Kind, wenn's möglich ist!« schrie sie und floh zum nächsten kleinen Eichbaum am Uferrand. Schnell kletterte sie mit dem Hirschkälbchen hinauf. Der Grizzlybär kam mit fletschenden Zähnen näher; bei ihrer Flucht geriet die

Hirschmutter zwischen ihn und den Baum. Sie schnaubte aufgeregt, wodurch sie seine Aufmerksamkeit für einige Augenblicke ablenkte, freilich nur für Augenblicke; dann kam er auf Snana zu!

»Halt ein, tapferer Mato![9] Ziemt es einem großen Medizinmann, ein hilfloses Mädchen mit einem kleinen Hirschkalb auf dem Rücken anzugreifen?« rief Snana.

Mato antwortete mit heiserem Grunzen, stellte sich auf die Hinterbeine und schüttelte mit aller Kraft das Bäumchen.

»Je, je, hejupi, je! Kommt, helft!« rief Snana ihren Gefährten zu. Ihr Geschrei lockte die Mädchen auf einen nahen Hügel, wo sie sofort großen Lärm schlugen. Mato sah sie sehr gut, ließ sich aber durch sie durchaus nicht einschüchtern und versuchte von neuem, das Mädchen, das sich krampfhaft an den Ästen anklammerte, herabzuschütteln.

Plötzlich erschienen auf einer kleinen Anhöhe hoch zu Roß mehrere Krieger. Gellend schallte ihr Kriegsgeschrei, als wollten sie ein menschliches Wesen angreifen. Das war für Mato das Zeichen zum Kampf, und sofort ließ er von Snana ab. Nach indianischer Anschauung hat der Grizzly allein den Rang eines Kriegers; wer ihn besiegt, darf eine Adlerfeder tragen.

»Uh, uh!« riefen die Krieger und versuchten, ihn in die offene Ebene zu locken.

Er antwortete mit heiserem Grunzen und bedrohte einen Reiter, der ihm zu nahe gekommen war. Aber Pfeile gab es genug, gezielt wurde gut; bald lag der große Mato tot unter dem kleinen Baum.

Die Männer rannten hin und zählten auf ihm ihre Coups[10], gerade als sei ein Feind gefallen. Als aber das Mädchen mit dem kleinen Hirschkälbchen vom Baum herunterkletterte, schauten sie sich verdutzt untereinander an und hielten erstaunt die Hände vor den Mund.

»Ah, das war also die Lockspeise!« riefen sie. »Willst du nicht ein Fest veranstalten und uns, die wir dir zu Hilfe eilten, das Tierchen zum Dank braten?«

»Das Kälbchen ist jung und zart. Wir haben seit zwei Tagen kein Fleisch gegessen«, fügte ihr Vater, der dabei war, hinzu, »das gäbe ein treffliches Mahl.«

»Je-e-e!« rief Snana jämmerlich. »Das fordert nicht von mir. Ich habe der Hirschmutter versprochen, ihr Kind in Sicherheit zu bringen. Seht, ich rettete sein Leben unter Lebensgefahr.«

»Ho, ho, uakan je lo! Ja, das ist eine geheimnisvolle Sache!« riefen sie.

Es war für Snana keine Kleinigkeit, ihr Tierchen zu schützen. Man denke nur an die Hunde im Dorf! Auch es zu füttern war nicht einfach, aber Snana verstand es, sein Vertrauen zu gewinnen. Das kleine Hirschkälbchen folgte ihr bald auf Schritt und Tritt und schrie, wenn es Hunger hatte.

Nach einigen Tagen, als der Bärenschrecken einigermaßen überwunden war, trug Snana ihr Tierchen in den Wald zurück und legte es an dieselbe Stelle, an der sie es gefunden hatte.

Sie liebkoste es zärtlich und schlich zögernd fort, hoffend und doch zugleich fürchtend, daß die Hirschmutter kommen würde. Dann versteckte sie sich in einem Gebüsch und lockte wie ein Hirschkalb. Das war gefährlich für sie. Konnte sie damit nicht einen Berglöwen oder den immer wachsamen Grizzly herbeilocken? Daran aber dachte sie nicht.

Gleich darauf hörte sie leichte Huftritte und sah, wie die Hirschmutter in das Versteck huschte. Sie kroch näher und beobachtete, wie Mutter und Kind sich gegenseitig beäugten, als fürchteten sie Verrat. Schließlich fühlten sich beide sicher, die Mutter liebkoste ihr Kind, und das Kälbchen trank sich bei der Mutter satt.

Das Siouxmädchen kämpfte mit sich. Wie lieb hatte sie das kleine Tier gewonnen, und wieviel besser konnte sie es gegen Gefahren schützen; aber sie war gerecht genug, der wahren Mutter Ansprüche anzuerkennen. Die Hirschkuh beobachtete sie angstvoll. Konnte sie nicht irgendwie mit dem Kleinen entwischen?

Da, was war das? Der Ruf einer Hirschkuh! Snana und das Tier merkten jedoch sofort, daß der Ruf nicht von einer wirklichen Hirschkuh stammte.

»Ein Jäger! Fort, ich schütze dein Kleines!« flüsterte Snana. Das Tier erkannte die Gefahr. Noch einmal leckte es zärtlich sein Kind, das gerade mit seiner Mahlzeit fertig war; dann jagte es davon.

Snana trat mit dem Kleinen aus dem Gebüsch und sah vor sich einen fremden jungen Mann stehen.

»Ugh! Du hast mein Wild!«

»Tosch!« erwiderte sie ein bißchen kokett.

Nach einer indianischen Sage konnte die Hirschkuh, um den Jäger irrezuleiten, menschliche Gestalt annehmen; so war die Überraschung des jungen Mannes sehr begreiflich.

»Bist du nicht die Hirschkuh in Mädchengestalt? Sprich die Wahrheit!« fuhr er sie grob an.

»Ich bin ein Siouxmädchen. Kennst du meinen Vater nicht?« erwiderte sie.

»Ach! Wer ist dein Vater, wie heißt er?« beharrte er und spielte dabei ungeduldig mit seinen Pfeilen.

»Sei kein Feigling! Du kennst doch ein Mädchen deines eigenen Volkes!« erwiderte sie vorwurfsvoll.

»Ach was, du kennst die Hirschkuhschliche. Wie heißt du?«

»Weißt du nicht, was sich schickt? Willst du mich zwingen, dir meinen Namen zu nennen? Doch ich glaube, du machst nur Spaß«, gab sie ihm lächelnd zurück.

»Du bist so verschmitzt wie eine Hirschkuh; ich kann nicht warten, ich muß handeln, solange ich meine Sinne beisammen habe. Aber ich bin bereits dein! Warum narrst du einen armen Jäger? Sei barmherzig!« sagte er und setzte sich nieder.

Das Mädchen schaute ihn verstohlen an; er gefiel ihr recht gut. Leise ging sie in das Dickicht zurück und bettete das kleine Kälbchen wieder in sein Versteck.

»Versprich mir, hier nie wieder zu jagen!« sagte sie ernst, als sie wieder zurückkam. Er versprach es. Snana hatte ihr Hirschkälbchen verloren, doch einen Bräutigam gewonnen.

Nagi Juha: Sie, die eine Seele hat

Vor etwa zweihundert Jahren lebte ein Teil unseres Volkes am Großen See. Der Häuptling dieser Bande hieß: Tatankaota, Viele Büffel.

Eines Tages führte der junge Sohn dieses Häuptlings einen Kriegszug gegen die Ojibway, die östlich von uns lebten.[11]

Als die Krieger eine Tagesreise von Sault Ste. Marie[12], unserem Skesketatanka, angekommen waren, machten sie am Seeufer an einer Stelle halt, an der die Ojibway mit ihren Kanus vorbeizukommen pflegten.

Gespannt blickten sie auf den See. Würde der Feind kommen? Die Sonne war über den dunklen Tannen emporgestiegen; die Vögel zwitscherten, und glänzende Fische spielten auf der Oberfläche des Wassers. Endlich ertönte in weiter Ferne der Warnruf des Eistauchers.

»Krieger, aufgepaßt! Der Eisvogel lügt nicht! Der Feind kommt!« rief der Anführer.

Gleich darauf erschien auf der glänzenden Wasserfläche ein Kanu, nur eines, und das steuerte gerade auf die Krieger zu.

»Chachatonuan, Chachatonuan! Die Ojibway, die Ojibway!« riefen sie einstimmig, griffen nach ihren Waffen und versteckten sich im Gebüsch.

»Keiner wird geschont! Wir wollen keine Gefangenen!« befahl der Anführer.

Näher und näher kam das fremdartige Boot. Die Ruder leuchteten bei jedem Schlag, als brächten sie gute

Nachricht oder willkommene Botschaft. Ungeduldig schauten ihm die Krieger entgegen.

»Das ist ein Ojibwayboot; kein Zweifel«, murmelte einer, »aber sieh, wie ungeschickt es gerudert wird!«

Unter allen Indianerstämmen sind die Ojibway die geschicktesten in der Handhabung ihrer Ruder; ihre Birkenkanus rudern sie wirklich meisterhaft. Hier ruderte einer zwar kräftig, aber wie ungleich und ungelenk!

»Seht! Der Mann trägt keine Federn!« rief der junge Häuptling. »Wartet, Leute, er hat Frauenkleider an und ist ganz ohne Waffen. Es gehört kein Mut dazu, ihn zu töten; lassen wir ihn leben! Wir wollen nur Coups an ihm zählen, und er soll uns sagen, woher er kommt und was er will.«

Der Angriffsruf ertönte, und mit lautem Kriegsgeheul, hungrigen Wölfen gleich, stürzten sich die Krieger auf das sandige Ufer und in das glänzende Wasser.

Der einsame Ruderer schrie nicht, setzte sich auch nicht zur Wehr. Er hörte nur auf zu rudern, kniete ruhig im Vorderteil seines kleinen Bootes nieder und schien geduldig den Todesstreich durch das Kriegsbeil zu erwarten.

Tatankaotas Sohn war der erste beim Angriff, aber plötzlich dachte er daran, daß seine Krieger dem Fremden in der Erregung doch vielleicht ein Leid antun könnten; so hieß er sie warten.

Das Kanu war jetzt sehr nahe herangekommen, und man konnte das sanfte und gütige Antlitz des Mannes erkennen. Dieser Mensch war völlig harmlos, daran war nicht zu zweifeln. Der junge Häuptling erklärte später, er habe in jenem Augenblick deutlich gefühlt, daß etwas Ungewöhnliches bevorstehe, ob Gutes oder Böses, wußte er freilich nicht zu sagen.

Keine Coups wurden gezählt; man schlug nicht zu. Der Anführer befahl seinen Kriegern, das Kanu ans Ufer zu tragen. Sie murrten zwar, gehorchten aber doch. Man setzte das leichte Boot auf einem Hügel nieder, von dem aus man den See überschauen konnte.

Die Krieger umstanden den Fremden, der noch immer im Kanu kniete, schwangen ihre Keulen über ihren Häuptern und sangen. Der Schwarzrock trug eine Perlenkette mit einem Kreuz daran, das mit der Figur eines Mannes verziert war. Seine Kleider waren fremdartig und ähnelten Frauenkleidern. Er hatte eine merkwürdige weiße, rötlich gefleckte Gesichtsfarbe. Über all dieses wunderten sich die Indianer sehr.

Der Schwarzrock erwiderte ihnen auf ihre Fragen, daß er von Osten herkomme, noch viel weiter als vom großen Salzwasser, eigentlich meinte er wohl, er käme vom Himmel. Die Krieger glaubten daher, er müsse ein Prophet oder ein geheimnisvoller Mann sein.

Ihr Führer befahl ihnen, das Kanu bis zum Dorf zu tragen. Man tat das, alter Sitte folgend, als eine Art Ehrenbezeugung. Sie hoben das Boot hoch und wanderten damit, sich im Tragen ablösend, das Ufer entlang; der Weg führte durch Wälder und über Flüsse bis an einen Platz kurz vor dem Dorf, der »des Mädchens Zuflucht« hieß.

Von dort sandte der Anführer seinem Vater einen Boten und ließ ihm sagen, er bringe einen Fremdling mit: ob dieser das Dorf betreten dürfe. »Er sieht anders aus als irgend jemand, den wir bisher gesehen haben, und es ist etwas Geheimnisvolles an ihm«, erklärte der Bote.

Als der Häuptling die Kunde vernommen hatte, rief er sogleich den Rat zusammen, um zu überdenken, was zu tun sei. Wer konnte wissen, was es für Unheil geben würde, wenn der Fremdling das Dorf beträte! Endlich ging er mit den weisesten Männern seinem Sohne entgegen. Sie sahen sich den Schwarzrock erstaunt an.

»Tötet ihn, tötet ihn! Verschont ihn nicht!« rief einer der Ratsmitglieder.

»Laßt ihn unbehelligt seines Weges ziehen, tut ihm kein Leid!« rief ein anderer.

»Wir wissen wohl, daß böse Geister oft in Menschen- oder Tiergestalt umgehen. Er sieht so fremdartig aus, daß man annehmen könnte, er sei ein böser Geist. Tötet ihn, es könnte unserem Volk sonst Unheil widerfahren!« erklärte ein Alter.

Indessen waren mehrere Frauen aus dem Dorf hinzugekommen. Unter ihnen war Nagi Juha, des Häuptlings jüngste Tochter, von der man erzählt, daß sie nicht nur eine Schönheit gewesen sei, sondern auch ein gutes Herz besessen habe. Der Fremde hatte von seiner weiten Reise wunde Füße und war matt vor Hunger. Als sie sah, daß der arme Mann seine Hände faltete und, zum Himmel gewandt, in fremder Sprache etwas murmelte, drängte sie ihren Vater, daß man, altem Brauch folgend, einen Fremden, der sich unbewaffnet nahe, gastlich aufnehmen müsse.

»Vater, er ist müde, er hat Hunger; haltet ihn nicht länger fest! Beratet weiter, wenn er sich erquickt und ausgeruht hat.« So bat die Tochter, und der Vater gewährte ihre Bitte. Der Schwarzrock wurde freigelassen, und das Siouxmädchen führte ihn in ihres Vaters Zelt.

Die Krieger blickten ihm wegen seiner fremdartigen Kleidung argwöhnisch nach, aber das Herz des Mädchens schlug vom ersten Augenblick an für diesen, wie es schien, unglücklichen Mann. Ihr erschienen seine Züge so ehrfurchtgebietend und milde, und seine Furchtlosigkeit oder die Unkenntnis der Gefahr, in der er sich befand, setzte sie in Staunen.

Sie breitete im Zelt eine prächtige Büffeldecke aus, damit er sich darauf setze, und bereitete für ihn mit ihrer Mutter eine Mahlzeit aus gekochtem Wildbret und wildem Reis mit Ahornzucker. Die jungen Krieger beobachteten staunend die Vorbereitungen; das Mädchen aber beachtete sie nicht weiter. Sie rieb die wunden Füße des Mannes mit wohlriechendem Otteröl ein und zog ihm ein Paar prächtige, selbstgestickte Mokassins an.

Das war nur ein Akt des Mitleids und der Nächstenliebe, aber die Jünglinge waren sehr ungehalten und verlangten, daß man den Fremden ausweise. Einige wollten sogar härter mit ihm verfahren; es gelang aber dem Häuptling und seiner Tochter, sie zu beruhigen.

Während der wenigen Tage, die sich der Schwarzrock im Dorf aufhielt, predigte er dem Mädchen. Man hatte ihr erlaubt, sich durch Zeichen mit ihm zu unterhalten, damit sie erführe, wer oder was er sei. Er erzählte ihr, daß ein großer Prophet vom Himmel gekommen sei, und teilte ihr mit, was jener geredet habe. Dann erklärte er ihr, daß das Kreuz mit dem Mann darauf sein Symbol sei, welches er den Menschen befohlen habe zu tragen. Wer ihn liebhabe, der müsse unter fremde Leute gehen und ihnen von ihm erzählen; und wer ihm dann glaube, der würde mit heiligem Wasser besprengt und müsse das Symbol annehmen.

Er fragte das Mädchen durch Zeichen, ob sie die Geschichte glaube.

Sie erwiderte: »Das ist eine schöne Geschichte, eine prächtige Sage, die ich wohl glaube.«

Da zog der gute Mann ein kleines Kreuz hervor, drückte es gegen sein Herz, bekreuzigte sich Stirn und Brust und gab es ihr; dann tauchte er seine Finger in Wasser, berührte des Mädchens Stirn damit und redete etwas dabei.

Die Mutter ängstigte sich. Sie fürchtete, daß der Fremde ihre Tochter verzaubert habe. Der Häuptling aber meinte:

»Das ist ein Gebetsmann, er ist aber nicht von uns; er hat andere Sitten, aber keine schlechten. Krieger, bringt ihn dahin zurück, wo ihr ihn zuerst gesehen habt. Das ist mein Wille. Die gute Sitte unseres Stammes fordert, daß wir ihn ohne Beschimpfung wieder freigeben.«

Alsbald sammelten sich die Krieger und trugen den Schwarzrock zurück an den See, genau an den Platz, wo sie ihn getroffen hatten. Er war frei und konnte ziehen, wohin er wollte. Er verabschiedete sich und gab ihnen durch Zeichen seinen Dank für die genossene Gastfreundschaft zu verstehen. Dieser galt besonders dem schönen Siouxmädchen. Sie aber schien ihn am besten verstanden zu haben, denn solange sie lebte, hielt sie sein wunderliches Schmuckstück in Ehren und machte die fremden Zeichen, die er sie gelehrt hatte.

Ihrem Einfluß auf ihren Vater war es zu verdanken,

daß Tatankaota seinem Volk späterhin zur Freundschaft mit den Weißen riet. Andere Häuptlinge waren dagegen, aber schließlich drang Tatankaota doch mit seiner Meinung durch. Die Engländer sowohl wie die Franzosen erfuhren von unserem Stamm viel Gutes.

So berichtet unsere Überlieferung von der ersten Begegnung eines Weißen mit unserem Stamm.[13] Später kamen andere Gebetsleute, und viele Sioux ließen sich taufen. Die Indianer haben gewiß viele Kriege geführt, doch nie ohne Grund. So bleibt es eine schöne Erinnerung, daß die Sioux an dem ersten Missionar Gastfreundschaft übten, und daß es ein zartes Mädchen meines Stammes war, das zuerst das Kreuz der neuen Religion in ihre Hände nahm.

Die Friedensstifterin

Eine der merkwürdigsten Frauen ihrer Zeit und ihres Volkes war Ejatonkaui, »Sie, deren Stimme man weithin hört«. Bei den Wachpekute-Sioux, den Laubhüttenbewohnern, war es als wohlverbürgte Tatsache bekannt, daß Ejatonkaui einst in Minnesota, als ihr Mann dort jagte, im Handgemenge mit dem Feinde Siegerin blieb. Man stieß bei solchen Jagden oft mit versprengten Sac- und Foxtrupps aus den Prärien von Iowa und Minnesota zusammen.

Es war bei uns Sitte, tapfere Helden in höchsten Ehren zu halten und ihre Verdienste immer und immer wieder öffentlich zu preisen. Mut und körperliche Geschicklichkeit galten stets als größte Tugenden, und der, der darin anderen ein Vorbild war, hatte Anspruch auf besondere Vorrechte. Eines der bedeutendsten war, daß er bei Zwistigkeiten eingreifen und die Streitenden trennen durfte. Es stand dem Friedensrichter sogar zu, Gewalt anzuwenden; keiner, der nicht in ebenbürtigem Ruf stand, durfte es wagen, sich dagegen zu wehren.

Zu Beginn des vorigen Jahrhunderts lebte unter uns ein Mann, Tamahe. In der Geschichte von Minnesota ist er als der »Einäugige Sioux« bekannt. Er war sehr kühn und konnte sich manches gefährlichen Abenteuers rühmen. Er war der einzige Sioux, der im Kriege 1812 auf seiten der Amerikaner kämpfte. Alle anderen standen, hauptsächlich durch den Einfluß britischer Händler, auf Englands Seite.

Dieser Tamahe war mit dem Entdecker der Mississippiquellen, Leutnant Pike, sehr befreundet; von letzterem hat auch der Pikesberg seinen Namen. Unglücklicherweise ergab sich Tamahe später dem Trunk, denn als die Amerikaner unser Land besetzten, beeilte sich jeder, ihn wegen seiner Verdienste als Soldat und Kundschafter zu feiern und ihn mit geistigen Getränken zu bewirten. So war er zeitweise im Lager nicht weniger gefährlich als in der Schlacht.

Ejatonkaui hatte als junge Witwe den Sohn eines Unterhäuptlings von Tamahes Clan geheiratet und lebte unter Fremden. Damals war sie allerdings noch jung und zurückhaltend.

Eines Tages hörte die schüchterne Frau lautes Kriegsgeschrei und schreiende Frauen. Das Volk floh nach allen Seiten, während Tamahe halb betrunken, doch in voller Kriegsausrüstung, auf einen anderen Krieger zum Kampf losstürmte. Bei diesem Anblick wurde sie mutig und sprang schnell mit ihrem Messer zwischen die beiden.

»Es war ein Sac-Krieger, so groß und tapfer wie du selbst, der manchen Sioux erschlagen hatte und nun mit erhobener Keule auf mich zukam«, rief sie.

Tamahe war sehr erstaunt, denn es wurde ihm trotz seiner Trunkenheit klar, daß er weichen müsse, wenn er sich nicht der Demütigung aussetzen wollte, von einer Frau geschlagen zu werden.

Man lauschte im ganzen Lager; er konnte sich keiner größeren Heldentaten als sie rühmen[14] und zog sich, so gut es ging, zurück. Von dem Tage an feierte man Ejatonkaui als Friedensstifterin.

Viele Jahre später wandte sie eine ernste Gefahr von ihrem Volke ab. – Der Häuptling Kauki Tschikula, die Kleine Krähe, war tot, und da er zwei Frauen aus zwei verschiedenen Stämmen gehabt hatte, gerieten die Halbbrüder und ihre Anhänger in Streit um die Nachfolge. Die zwei Söhne der Frau vom Stamm der Wabaschah verschworen sich gegen den Sohn der Kaposierin, Sein-rotes-Volk, der später unter dem Namen Kangi Tschikula den Minnesotaaufstand anführte.

Sie veranstalteten ein großes Fest, luden viele ein und boten reichlich Branntwein an. Sobald die meisten betrunken wären, wollten sie eine Schlägerei anstiften und dabei ihren Nebenbuhler töten. Sie hätten sich dann leicht herausreden können, daß es durch Zufall geschehen sei.

In der Nähe der blühenden Stadt St. Paul liegt Mendota, damals ein Haupthandelsplatz im Nordwesten und Sammelpunkt der Siouxstämme. Das Fest führte hier eine große Menschenmenge zusammen, denn von nah und fern waren alle Krieger von Rang gebeten worden, selbst die bedeutenderen Händler beteiligten sich an den Versammlungen, war doch die Nachfolge eines Häuptlings für sie von großer Bedeutung.

Am Vormittag ging alles gut. Man hielt zu Ehren des toten Häuptlings große Reden, dann wurden zwei Fäßchen Branntwein in das Ratszelt gerollt.

Ejatonkaui, die sich bei den Frauen aufhielt, hörte, wie die Stimmen der Männer immer lauter und drohender herüberklangen. Die Frauen stießen Angstschreie aus; einige brachten ihre Kinder in die Wälder in Sicherheit, andere versuchten, ihre Männer zu raschem Aufbruch zu bewegen. Da erschien plötzlich eine bekannte Gestalt in der Tür des Ratszelts.

»Ziemt es einem Krieger, das Blut seiner Brüder zu vergießen? Haben wir keine Ojibway mehr?«

So sprach Ejatonkaui, die Tapfere. Sie trat in den Kreis der Krieger und erzählte zum soundsovielten Male ihre Heldentaten mit solcher Lebendigkeit und Überzeugung, daß schließlich alle aufbrachen und die Sioux sich versöhnten.

Ejatonkaui war ihr Leben lang, besonders aber, seit ihr Bruder bei einem Streit, der in der Trunkenheit ausgebrochen war, sein Leben eingebüßt hatte, eine Feindin des Branntweins. Sie hat unter ihren Stammesgenossen viel getan, um seinen Genuß zu verhindern, und das einzig und allein durch den Einfluß, den die packende Schilderung ihrer in jungen Jahren vollbrachten Heldentaten ihr verlieh. Mancher erinnert sich ihrer noch sehr wohl, wie sie beim Gelage der Männer erschien. Sie starb erst vor einigen Jahren.

»Hanta, hanta, uh! Fort da, fort da!« riefen dann die erschrockenen Krieger und verschwanden nach allen Seiten. Mit ausgerecktem Arm, fliegendem Haar, mit blutbeflecktem Gewand, die Ledergamaschen lose, ohne Kniebänder, gerade als käme sie von ihrem großen Kampf, so taucht die schreckliche Alte vor ihnen auf. Hat einer der Männer etwa um ein Pony ein Faß Branntwein eingehandelt und die anderen eingeladen, mit ihm zu zechen, so erscheint, kaum ist die erste Runde getrunken, auch schon Ejatonkaui mit ihrem großen Messer in der runzligen Linken und dem Kriegsbeil in der rechten Hand. Mit glänzenden Augen und starker Stimme erzählt sie: »Seht, Brüder, die Sac und Fox kommen! Wir sind unvorbereitet! Hört! Mütter und Kinder schreien vor Angst. Eure tapfere Schwester Ejatonkaui brät gerade das Wild für den Gatten, der von der Jagd heimkommt. Ach! er stürzt sich auf den Feind, dort, wo der Kampf am heftigsten wütet, und fällt – und fällt – vor den Augen seiner jungen Frau.«

»Sie drückt verzweifelt ihr Neugeborenes an die Brust, die Feinde kommen näher, sie nahen sich mit Kriegs- und Siegsgeschrei.«

»Schon betritt der erste ihr weißes Zelt; sie setzt ihm schnell ihr Kind vor die Füße und steht, Trotz bietend, vor ihm. Er richtet den Speer auf ihre Brust, schnell springt sie beiseite und versetzt ihm mit ihrem Beil den Todesstreich. Er fällt, er liegt ihr zu Füßen, der große Krieger.«

»Gleich darauf kommt ein anderer – er weiß nicht, welches Schicksal seinen Genossen ereilte. Er tritt ein. Die Streitaxt saust auf sein federgeschmücktes Haupt nieder. Man hört nur sein Todesröcheln.«

»Noch einer, ein Großer, Mächtiger mit stolzer Adlerfederhaube stürmt herein, schreiend und jauchzend, denn sie glauben alle, der Sieg sei ihrer.«

»Das ist der dritte stattliche Krieger, der Ejatonkauis Zelt ungeladen betritt. Er tötete ihren Gatten. Sein furchtbares Kriegsgeheul ließ ihre Schwestern in die Wälder flüchten.«

»Er kommt tapfer, tatendurstig, nach Blut lechzend, schon schwingt er die Streitaxt über dem Kopf der Frau, aber – nur der Beilstiel streift ihre Schulter, und schnell stößt sie ihm ihr Messer ins Herz. Tot liegt er zu ihren Füßen.«

»Ferner und ferner klingt das Waffengetöse. Die Sioux kommen zu Kräften und vertreiben den Feind. Eure Schwester ist Siegerin über drei Helden. Sie nimmt ihr Knäblein auf den Arm und läßt ihn mit seinen zarten Händchen den ersten Coup auf jeden Toten zählen. Er darf, obwohl noch in der Wiege, Adlerfedern tragen.«

»Laut tönte von den Helden des Siouxstammes, eurer Schwester zu Ehren, der Kriegsruf. Man rühmte: Ejatonkaui ist nicht zufrieden, mächtige Eichen mit ihrem Beil zu fällen, sie nahm die tapferen Sac- und Foxkrieger für Bäume und fällte sie nach Belieben.«

So erzählte die Alte ihre Geschichte, und kein Krieger konnte sie mit seinen Heldentaten übertreffen. Sie kannte kein Pardon: mit einem Beilschlag zerschmetterte sie das Fäßchen Branntwein, so daß der kostbare Inhalt auf den Boden floß. Niemand konnte sie daran hindern.

»So fließt«, rief sie laut »unter Ejatonkauis Beil das Blut der Feinde der Sioux.«

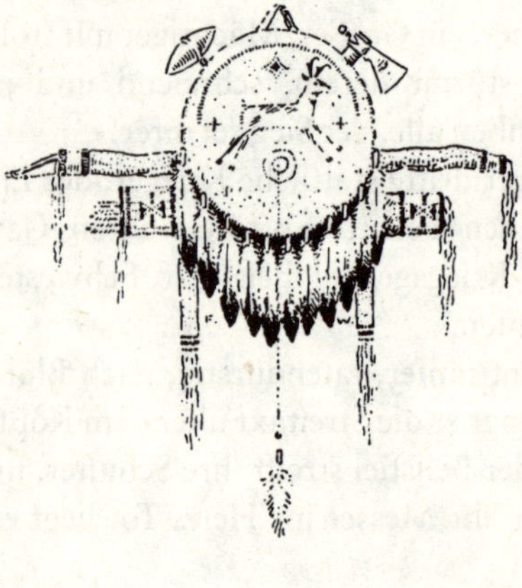

Machpia To

Vor vielen Jahren lagerte im Hochsommer eine große Stammeseinheit der Sioux im Tal des Cheyenneflusses. In jenen Zeiten band man die Ponys über Nacht innerhalb des Zeltkreises an; denn es wurde, wenn man sich auf feindlichem Gebiet befand, auf beiden Seiten als Heldentat angesehen, dem Feind die Pferde[15] zu rauben, vorausgesetzt, daß sich dazu die Gelegenheit bot. Bei Sonnenuntergang kehrten dann die jungen Mädchen und Burschen mit großen, frischen Grasbündeln, die buschig an ihren Sätteln herabhingen, ins Lager zurück.

Die »Gras-Kavalkade« wurde zur festen Einrichtung und war als günstige Gelegenheit, sich gegenseitig den Hof zu machen, sehr geschätzt.

Machpia To, der Blaue Himmel, die anmutige Häuptlingstochter, zog ihr bestes, mit Hirschzähnen benähtes Lederkleid an, schmückte auch ihr scheckiges Pony mit seiner perlengeschmückten Satteldecke und machte sich mit einer ihrer Freundinnen auf den Weg. Bald wurden sie von zwei jungen Kriegern überholt; die hatten ihre Decken über den Kopf gezogen, und nur der obere, durch Bemalung unkenntlich gemachte Teil des Gesichts und die Adlerfedern schauten hervor. Der eine führte Pfeile und Bogen mit sich, der andere hatte eine Keule am Arm hängen. »Ah, he, hun, he!« grüßte der eine. Die Mädchen blieben stumm, aber die lebhaften Ponys bäumten sich auf, legten die Ohren an und schnappten nach den Pferden der Jünglinge.

»Eure Tiere heißen uns freundlich willkommen«, fuhr er fort. Die Mädchen schauten sich nur verständnisvoll an.

Sofort drängte Matoska, der Weiße Bär, sein Pferd an Machpia Tos Seite.

»Bin ich zu dreist, daß ich dir schon wieder von meiner Liebe rede?« flüsterte er. »Vielleicht bekomme ich eine Zurückweisung, wenn nicht durch Worte, so durch die Tat oder Blicke!«

Er hielt inne, um die Wirkung seiner Rede abzuwarten, aber – ein Mädchen darf so lange schweigen, wie es ihr beliebt, und dadurch wird oft die Geduld auf eine harte Probe gestellt. »Bis jetzt habe ich mich noch keinem Mädchen genähert; erst wollte ich eine Adlerfederhaube haben, aber bei dir kann ich nicht länger warten.«

»Manchmal denke ich, wir zwei sind ganz allein auf der Welt. Wenn du da bist, fühle ich keine Einsamkeit.«

Das Mädchen sprach noch immer nicht. Sie überlegte. Glich ein Mann nicht vielleicht dem Nordwind, der nur im Sommer angenehm ist? Sie fürchtete, daß sie eines Tages ganz allein den Brennstoff für ihre Liebe beschaffen müsse, daher schwieg sie. Matoska wartete noch einige Minuten und zog sich dann still zurück. Er trug seine Niederlage mit Würde.

Die heimkehrenden Mädchen und Jungen brachten Leben in das Lager. Die Nacht war klar und still. Man zündete die Abendfeuer an, und jedes Zelt verwandelte sich in eine riesige chinesische Laterne. Zwei Meilen im Umkreis schlossen sich an den leuchtenden Ring die waldigen Flußufer und die weite Prärie an. In der Ferne sah man die Schwarzen Berge, und melodisch tönte das Rauschen des wilden Cheyenne in den Abendfrieden. Die Menschen aßen vergnügt ihre Abendmahlzeit, und wurde es zwischen dem Lachen und Schwatzen einmal ruhig, so hörte man das Mahlen und Kauen der Ponys.

Plötzlich zerstörte gellendes Kriegsgeschrei jäh den Abendfrieden. Wild stürzte sich ein Trupp Krähenindianer auf das Lager. Die Sioux erwiderten schnell und tapfer den Angriff, und in dem bleichen Mondlicht tobte der Kampf.

Mütter, Frauen und Schwestern feuerten die Männer durch heftiges Geschrei zur Anspannung aller Kräfte an und zeigten, daß sich die Frauen durch solche bösen Überraschungen nicht einschüchtern ließen.

Als die Morgensonne ihre goldenen Strahlen auf das Lager herniedersandte, fiel ihr Schein auf viele Tränen, glückliche Tränen, denn die tapferen Toten waren in ehrlichem Kampf gefallen – ein Ende, das sich jeder wünscht. Unter den Gefallenen war auch Tschetan Gitika, der Mutige Falke, Machpia Tos Bruder.

In wenigen Tagen wurde das Lager weiter aufwärts des Cheyenne in das Hügelland verlegt; nur die geschmückten Grabzelte der Gefallenen ließ man am alten Lagerplatz zurück. Zuvor aber wurde ein großes Ratszelt errichtet, und man belohnte die tapfersten Krieger. In großer Feierlichkeit wurden ihnen die im Kampf errungenen Adlerfedern verliehen.

»Die erste Auszeichnung«, begann der Sprecher, »gebührt Tschetan, der gefallen ist. Er zwang die Krähen durch sein tapferes Vorgehen zum Rückzug und erschlug ihren Häuptling.«

»Ho, das ist wahr!« riefen alle.

»Die zweite Auszeichnung kommt Matoska zu«, fuhr er fort.

»Hun, hun, he!« unterbrach ein anderer. »Ich, Hinhankaga duta, die Rote Eule, habe sofort nach Tschetan den zweiten Coup an dem Häuptling gezählt.«

Es war eine direkte Herausforderung.

»Die Krieger, die als Zeugen dabei waren, sprechen den Coup Matoska zu«, beharrte der Sprecher.

Hinhankaga war ein tapferer Jüngling und Matoskas Nebenbuhler, nicht nur auf dem Schlachtfeld, sondern auch beim Werben um das schönste Mädchen des Stammes. Er hoffte auf Anerkennung als einer, der Seite an Seite mit Tschetan ihr Zelt verteidigt hatte. Nun fiel diese Ehre seinem Nebenbuhler zu.

Ein Ausdruck tiefer Verstimmung lag auf seinem Gesicht, als er sich bedrückt in sein Zelt zurückzog; das mißfiel den Ratsleuten. Matoska hatte nichts gesagt, und das ließ ihn in weit besserem Licht erscheinen. Das schlimmste aber war, daß Machpia To selbst mit dem »Waisenpferd«, so nannte man ihres toten Bruders Streitroß, dabeigestanden und alles mit angehört hatte. Tanigita, Kolibri, so hieß das schöne Tier, wurde, der Sitte entsprechend, mit den Ehrenzeichen seines Herrn geschmückt und dann von dem Mädchen unter lautem Kriegsgeschrei der Männer fortgeführt.

Hinhankaga konnte nicht zur Ruhe kommen; er wanderte in die Berge, um zu fasten und zu beten. Aber am nächsten Tage, bei Sonnenuntergang, kehrte er heim. Da standen hinter einem kleinen Hügel Matoska und das Mädchen plötzlich vor ihm. Sie trafen sich zum erstenmal seit der Gras-Kavalkade, und das nur zufällig, denn

Machpia To trauerte um ihren Bruder. Trotzdem hatte der junge Mann sie angesprochen; das Mädchen sagte ihm, sie wolle über seine Rede nachdenken, weiter nichts.

In derselben Nacht ertönte die Ratstrommel dreimal, darauf ertönte der Kriegsruf. Jeder wußte, was das bedeutete: man wollte sich an den Krähen rächen.

Machpia To erschrak bei diesem plötzlichen Ruf. Zum erstenmal in ihrem Leben fühlte sie eine Angst, die sie sich nicht erklären konnte; sie liebte, doch sie wußte es noch nicht.

In wenigen Tagen hatten die Krieger die Big Horn Mountains erreicht; man sandte Kundschafter aus, die von einem sehr großen Krähenlager berichteten. Hunderte von Pferden bedeckten, einer Büffelherde gleich, die Ebene, so berichteten sie. Bei Tagesanbruch griffen die Sioux an. Mit Ungestüm stürzten sie sich auf das Lager; einige trieben die Crow-Pferde fort, die Hauptmacht kämpfte.

Der Feind war nicht überrascht; er kannte die Angriffsweise der Sioux. Ein verzweifelter Kampf entbrannte. Keule erhob sich wider Keule, und das Schwirren der todbringenden Pfeile erfüllte die Luft. Schließlich wurden die Sioux zurückgeschlagen, und die Krähen verfolgten sie auf das heftigste.

Hinhankaga und Matoska waren die ersten im Kampf gewesen; jetzt befanden sie sich, bewundert vom Feind, in der Nachhut und deckten den Rückzug der kleinen Schar. Da hob ein Krähenindianer seinen Speer gegen Matoska – dieser schlägt ihn mit seinem Bogen vom Pferde, aber o weh! die Bogensehne reißt und Matoska ist waffenlos. Im selben Augenblick bäumt das Pferd sich wiehernd auf, stürzt und reißt seinen Reiter mit sich.

Hinhankaga war der einzige, der bei diesem Vorgang in der Nähe war; er drückte seinem Pferde die Hacken in die Weichen, ließ Matoska liegen und jagte den anderen nach. Der Gestürzte erhob sich, warf seinen Köcher nieder und stellte sich allein den heranstürmenden Feinden entgegen.

Die Sioux hatten ihn noch fallen sehen. In einem Augenblick war er von Feinden umgeben und verschwunden.

Allmählich wurde die Verfolgung eingestellt; die Sioux machten auf einem Hügel halt, um die Reste ihrer Kriegerschar zu sammeln. Hinhankaga kam als letzter an; man merkte sofort, daß er anders war als sonst.

»Erzähle! Was hat Matoska zuletzt gesagt?« fragte man ihn.

Schweigend stieg er von seinem Pferde und schoß das treue Tier nieder. Dann stieß er sich selbst sein Messer ins Herz.

»Ach!« riefen sie, »er kann unsere Niederlage nicht überleben!«

Betrübt und niedergeschlagen über das unerwartete Ende, das der Kriegszug genommen hatte, kehrten die Krieger heim. Sie hatten einige ihrer besten und tapfersten Leute verloren. Das Lager war in tiefster Trauer, am unglücklichsten aber war Machpia To.

Sie blieb in ihrem Zelt und vergoß heimlich bittere Tränen, wußte doch keiner, daß sie ein Recht zum Trauern hatte. Trotzdem glaubte sie fest, daß ihrem Liebsten nur ein Unglück widerfahren sei, daß er noch lebe.

»Ich muß zu ihm, muß wissen, ob er lebt oder tot ist«, sagte sie sich.

Am anderen Abend, als im Lager noch große Aufregung und Trauer herrschte, ritt Machpia To wie gewöhnlich mit ihrem Lieblingspony zur Tränke. Niemand sah sie zurückkommen. Sie eilte zu ihrem Versteck, in dem sie zuvor zwei Säcke mit Lebensmitteln, ein Paar Mokassins und ihr Nähzeug verborgen hatte. Außer ihrem Messer und einem kleinen Beil führte sie keine Waffen bei sich. Sie kannte die Gegend zwischen den Schwarzen Bergen und den Big Horn Mountains sehr gut und wußte, daß sie für Krieger gefährlich war, wieviel mehr erst für eine einzelne Frau! Ihre Absicht war es, nur bei Nacht zu reisen und sich tagsüber zu verbergen; so hoffte sie, die Gefahren zu vermindern, und folgte mutig den Spuren der heimgekehrten Krieger.

Ihr Hund Wapaina war ihr gefolgt, und sie freute sich über den treuen Begleiter. Sie warnte ihn davor, fremdartig aussehende Tiere anzubellen und anzugreifen, es sei denn, daß sie zuerst angriffen; er verstand auch, daß er, während seine Herrin schlief, wachen und aufpassen müsse.

So erreichten sie wohlbehalten die Gegend des Powder River im heutigen Staate Montana, obwohl sie mehr als einmal Büffelherden kreuzen mußten. Die Tiere schienen jedoch von Machpia To nicht die geringste Gefahr zu fürchten; so hielten sie es nicht einmal der Mühe für wert, ihr überhaupt auszuweichen. Hin und wieder bemerkte sie einige ganz frische Reiterspuren, hatte aber das Glück, keinem feindlichen Indianer zu begegnen.

Endlich erreichte Machpia To die Wasserscheide zwischen dem Tongue River und Big Horn River. Wie schlug ihr Herz bei diesem Anblick! Was hatte sie unternommen und gewagt! Hier war sie schon einmal in frühester Kindheit gewesen; es war, als böte dies Stückchen Erde ihr einen Gruß aus jenen glücklichen Zeiten.

Der Morgen nahte; der Mond war untergegangen und noch herrschte völlige Finsternis, aber die Augen des Mädchens hatten sich an die Dunkelheit gewöhnt. Sobald es hell wurde, verbarg sie sich in den Vertiefungen eines alten Flußbettes, die jetzt grün überwachsen und durch Bäume verdeckt waren. Sie band ihr Pony an, ruhte bis gegen Abend und setzte dann ihren Weg zum Schlachtfeld in der Nähe des Krähenlagers fort.

Bald stieß sie auf gefallene Krieger und Pferdekadaver. Dort entdeckte sie Matoskas weißes Streitroß mit einem Siouxpfeil in der Seite! Hinhankaga, das war Verrat! Doch er war tot, und sein Tod sühnte das Verbrechen. Den Leichnam ihres Liebsten aber konnte sie nicht finden. Konnte denn der Tapferste der Sioux in Gefangenschaft geraten sein?

»Mit nur einem Pfeil würde er noch gekämpft haben! Selbst mit zerrissener Bogensehne hätte er dem Tode tapfer ins Auge geschaut«, dachte sie.

Es war Abend geworden, als sie das Krähenlager erblickte. Machpia To ordnete Haar und Gewand in der Art der Crow-Frauen und machte sich aus einem zweiten Kleid ein Bündel, das wie ein wohlverwahrtes kleines Kind aussah. Noch immer feierte man im Lager mit Gesang und Tanz den Sieg über die Sioux. In der Dunkelheit konnte sich das Mädchen unbemerkt nähern; so schlich sie zwischen den Zelten umher, sang leise ein Sioux-Wiegenlied und spähte nach dem Liebsten.

Schließlich kam sie in die Nähe des Ratszeltes. Da – zwischen Feuerschein und Dämmern – war das nicht sein Gesicht? Dort saß er im Festgewand der Krähen im Zelt.

»Oh, er lebt, er lebt!« frohlockte das tapfere Mädchen leise. »Was tun?« Sie kroch näher, wurde aber sofort von einem Indianer als Feindin erkannt.

»Uah! Uah! epsaraka! epsaraka! Eine Sioux!« tönte es laut.

Im Nu war das Mädchen umringt von den Krähen und stand als Gefangene in ihrer Mitte. Mutig schaute sie drein, denn sie hatte ja nun die Gewißheit, daß ihr Liebster lebte.

Man holte einen Dolmetscher, einen Mann, dessen Mutter Sioux war.

»Junges, schönes Siouxmädchen«, redete der Häuptling sie an, »sprich, wie kamst du unbeschützt zu uns und warum?«

»Weil«, erwiderte Machpia To, »deine Krieger meinen Bruder erschlagen haben und ihr meinen Liebsten gefangen haltet. Um seinetwillen wagte ich Leben und Ehre.«

»Ho ho! Du bist das tapferste Weib, das ich je gesehen habe. Dein Liebster fiel durch Verrat eines Sioux, der ihm sein Pferd von hinten erschoß, in unsere Hände. Er stand uns furchtlos gegenüber. Das aber rettete ihm sein Leben nicht. Er gleicht meinem kürzlich in der Schlacht gefallenen Sohn, daher habe ich ihn an Sohnes Statt angenommen.«

Das tapfere Mädchen besiegte das Herz des großmütigen Häuptlings und erreichte schließlich, daß sie, reich mit Geschenken beladen, mit Matoska in ihre Heimat zurückkehren durfte. Ihr Name wird von Sioux und Krähen in dankbarem Andenken geehrt, denn auf ihre Heldentat hin schloß man einen Vertrag, demzufolge der Friede zwischen diesen beiden Stämmen etwa dreißig Jahre lang aufrechterhalten wurde.

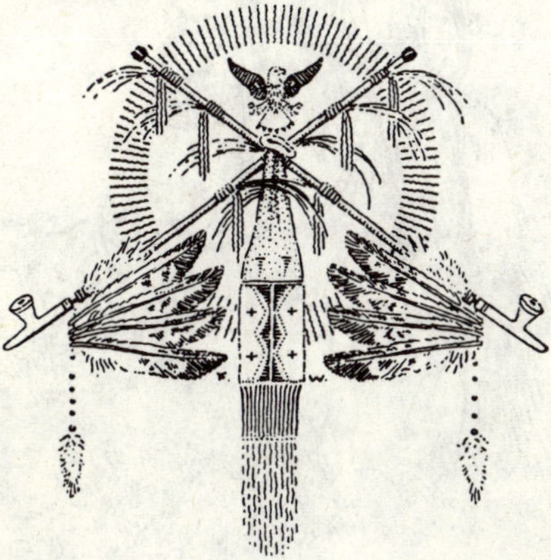

Langohrs Treue

Vor etwa vierzig Jahren hatten die Hunkpapa-Sioux ihr Sonnentanzfest in der Gegend der Thin Hills oberhalb des Großen Einsamen Baumes am Powder River, im heutigen Montana, gefeiert. Es war Hochsommer, und alle waren in glücklichster Stimmung. Die gelbgrünen Wiesen zu beiden Seiten des Powder River waren mit wilden Blumen übersät, und die Baumwollbäume, eine Art wilder Pappeln, standen in vollem Blätterschmuck. Das bewegliche Dorf bestand aus einem großen Kreis weißer Zelte. Westlich sah man am tiefblauen Himmel die Big Horn Mountains, und nach Südosten zu dehnten sich in weiter Ferne die Schwarzen Berge.

Man hatte die Sommervergnügungen in vollen Zügen genossen und nach altem Brauch die Spiele und Zeremonien des Stammes aufgeführt. Nun brachen die verschiedenen Clans auf, um, jeder für sich, ein gutes Jagdgebiet zu suchen.

Die einen reisten nach Westen in die Gegend des Tongue River, die anderen folgten einem Nebenfluß des Powder River in südlicher Richtung, und der dritte Teil wechselte nur den Platz, um frische Weideplätze für die Ponys zu haben, und blieb noch ein paar Tage in der Nähe des Sommerlagers. Die gen Westen ziehende Gruppe hatte eine gefährliche Reise vor sich, denn sie mußte das Gebiet der feindlichen Krähenindianer durchqueren.

Am dritten Tag, bei Sonnenaufgang, mahnte der Herold zum Aufbruch.

Man hatte zum Frühstück feingeschnittenes Büffelfleisch verzehrt, und die Frauen packten mit viel Palaver und großem Hin und Her die letzten Habseligkeiten. Wiko, das Schöne Weib, die Frau des Kriegshäuptlings Schunkaska, des Weißen Hundes, die bei den zu Ehren ihrer Zwillingsknaben veranstalteten Festen bereits viele Geschenke verteilt hatte, gab eines ihrer Ponys einer armen Alten, deren einziges Lasttier, ein großer Hund, über Nacht gestorben war.

Deshalb mußten die Lasten der anderen Tiere gewechselt werden. Nakpa, Langohr, Wikos lammfromme graue Mauleselin, die eigentlich die Ehre haben sollte, die Zwillinge zu tragen, bekam nun eine schwerere Last. Die kostbar gestickten Kindertragen mit den Säuglingen wurden Wikos zweijährigem geschecktem Pony zu beiden Seiten des Sattels angehängt.

Die Kinder waren als Erstgeborene prachtvoll ausgestattet; sogar Sattel und Zügel des Pferdes waren auf das sorgfältigste verziert.

Der Zug setzte sich in Bewegung, und sämtliche Ponys folgten ihrem Führer, während Wiko noch die unförmige Last von Kochtöpfen und anderem Hausrat auf Nakpas Rücken befestigte.

»Vorwärts, zeig, was du kannst mit deiner neuen Last! Vorwärts!« rief sie und versetzte Langohr einen Schlag mit dem Roßhaarzügel. Das Tier stand still.

Nakpa blickte sich mürrisch nach ihrer Last um, veränderte ein- oder zweimal die Stellung und machte mit großem Geschrei einen Luftsprung; dann raste sie durch die gaffende Menge, tollte im Kreise herum und warf unter dem Geschrei von Frauen und Kindern, Hundegebell und Kriegsgeheul der Männer ihre Last, ein Stück nach dem anderen, ab. Das Travoi mit der Zeltdecke löste sich als letztes vom Sattel, und einen Augenblick später stand Nakpa, heftig atmend, frei da.

»Sie ist keinen Pfeilschuß wert, sonst jagte ich ihr sofort einen Pfeil durchs Herz«, murrte Schunkaska. Seine Frau aber meinte:

»Nein, sie soll ihr eigenes Gepäck wiederhaben; sie will die Kinder, ich hätte sie ihr nicht nehmen sollen.«

Wiko ging auf Nakpa zu; die schaute von der Seite mißtrauisch zu ihr hin.

»Nakpa, wie führst du dich auf?« fragte die Frau und streichelte ihr die Schnauze. »Du bist stärker als die anderen, darum solltest du die schwerere Last tragen. Komm, du sollst aber deine Lieblingslast wiederhaben«, und damit führte sie sie zu dem Pony, das ruhig mit den Kindern dastand.

Nakpa legte die Ohren zurück und warf dem Tier feindselige Blicke zu. Schunkaska suchte unterdessen zusammen, was von dem Hausrat noch zu gebrauchen war. Die schlafenden Kinder aber wurden dem Pony vorsichtig abgenommen und an Nakpas hölzernen, gepolsterten Sattel angehängt. Der Hausrat wurde zum Teil noch auf die anderen Gepäcktiere verteilt, und die Ordnung war wiederhergestellt.

»Nun komm, Nakpa! Du hast nun deinen Willen. Gib acht auf meine Kleinen, sei gut zu ihnen«, flüsterte die junge Mutter.

»Wiko, du und Nakpa, ihr seid euch ähnlich, ihr müßt immer beide euren Willen haben! Ich traue dem Langohr nicht, du solltest ihr die Kinder nicht anvertrauen!« sagte Schunkaska streng.

Seine Frau erwiderte nichts. Sie kannte ihn und wußte, daß er wohl Kritik übte, sich im übrigen aber nie in ihre häuslichen Angelegenheiten mischte.

Schunkaska ritt davon und mischte sich unter die Anführer des Zuges, die Haushaltungssorgen überließ er seiner Frau. Nakpa war, bis auf den Vorfall am Morgen, zuverlässig und treu gewesen. Jetzt war sie mit den Anordnungen ihrer Herrin völlig zufrieden, trabte davon und tat, was diese wollte.

Einige Stunden später mußte man eine Wasserscheide des Powder River und eines seiner Nebenflüsse kreuzen. Von hier an nahm der Fluß seinen Lauf gen Süden, wand sich in vielen hellblauen Windungen dahin und verschwand schließlich hinter den Vorbergen der Big Horn Mountains. Die Furt war tief und reißend. Die Sioux folgten einer tiefen Schlucht, bis sie eine Felsenterrasse erreicht hatten.

»Hu, hu!« gellte plötzlich der Schreckensruf[16] von vorne und ließ das Blut stocken. Ach, es war kein unbekannter Laut. Man kannte ihn nur zu gut! Er bedeutete den Tod, und selbst wenn es ein Entrinnen gab, so bedeutete er in jedem Fall heftigen Kampf oder rasende Flucht.

Entsetzt, aber mit großer Selbstbeherrschung, wandten sich die Frauen zur Flucht. Noch war dazu Zeit. Wiko schaute auf Nakpa mit ihrer kostbaren Last, prüfte, ob alles in Ordnung sei, und fing dann ihr bestes Pony. Sie wußte wohl, was vorging, und daß sie, während der Gatte kämpfte, sich und die Kinder in Sicherheit bringen müsse.

Kaum saß sie im Sattel, da tönte in nächster Nähe Kriegsgeschrei. Sie waren eingeschlossen! Wiko riß instinktiv von einem Ponyrücken den zweiten Köcher und Bogen ihres Mannes. Ach! Die Krähen hatten bereits angegriffen! Die Ponys waren nicht mehr zu halten, und entsetzliches Frauen- und Kindergeschrei erfüllte die Luft.

Blitzschnell wandte sich Wiko wieder zu ihren Kindern, aber Nakpa war fort.

Vor Schrecken wie von Sinnen, vergaß sie, daß sie eine schwache Frau war, und setzte sich verzweifelt zur Wehr.

Auf beiden Seiten wurde tapfer bis zum Einbruch der Dunkelheit gekämpft. Dann verschwanden die Krähen, und die Sioux bestatteten ihre Toten.

Beim Angriff der Krähenindianer hatte Nakpa die Gefahr erkannt und war mit den Kindern geradewegs durch die heranstürmenden Feinde geflohen. Sie raste den Weg, den sie gekommen, zum alten Lager zurück. Man war etwa drei Tage gereist und hatte vierzig Meilen zurückgelegt.

»Seht, seht!« schrie ein feindlicher Krieger, »ein Maultier mit zwei kleinen Kindern!«

Es hatte niemand acht auf den Ruf, und der Mann traf mit seinem Pfeil nur den Sattel.

»Ein Lasso, ein Lasso!« schrie er wieder. Nakpa war aber zu schnell und zu geschickt; sie schlug nach rechts und links aus, und vergebens wurde ihr mancher Pfeil nachgesandt. Sie trug ihre unschuldige Last die Schlucht hinab und über die weite, mit graugrünen Salbeibüschen bestandene Prärie.

»Hu, hu!« schrie ein anderer Krähenkrieger, »da reitet

ein Bote, der soll Verstärkung holen; jetzt rast er die Ebene hinab, jetzt kommt er an den Fluß!«

Es war nur Nakpa. Sie legte ihre Ohren zurück und rannte immer toller, um an den Fluß zu kommen; war sie erst über die Furt, dann war sie vor Verfolgung sicher.

Schließlich erreichte sie das Ufer. Sie löschte nicht erst ihren Durst, sondern prüfte sofort sorgfältig die Wassertiefe mit den Vorderfüßen und watete dann behutsam durch die Furt. Vorsichtig spitzte sie, als sie den Fluß durchschwamm, ihre dicken Ohren, daß ihr nur ja kein verdächtiges Geräusch entging. Am anderen Ufer schüttelte sie sich und die Kinder und lief weiter.

Bald fing das eine Kind an zu schreien, natürlich stimmte das andere sofort mit ein. Da wußte Nakpa nicht, was sie tun sollte, und schrie mit und beruhigte sie damit ein Weilchen. Aber die Kleinen hatten Hunger und schrien schließlich so laut, daß Präriehunde, Krähen und Elstern verwundert lauschten.

Nakpa kam nun an einen Bach, der nicht weit vom alten Lager in den Powder River mündete. Sie wollte sich nicht aufhalten, aber – ein plötzlicher Seitensprung, und beinahe wären die Kinder aus ihren Hüllen geflogen – zwei graue Wölfe, auf jeder Seite einer, standen vor ihr und zeigten leise knurrend ihre weißen Zähne.

Noch nie in ihrem braven Leben war Nakpa in so verzweifelter Lage gewesen wie in diesem Augenblick. Der größere Wolf kam direkt von vorn auf sie zu, der andere schickte sich an, sie von hinten anzufallen. Aber die Wölfe hatten sich verrechnet. Mit Vorder- und Hinterhufen schlug Nakpa so kräftig drauflos, daß der größere bald mit zerschlagener Hüfte davonhinkte, während dem anderen eine tiefe Wunde am Rachen geschlagen wurde, die ihm den Mut zu weiteren Angriffen nahm.

In der Ferne erschien ein indianischer Jäger zu Pferde; Nakpa hielt sich aber nicht auf. Sie flüchtete weiter durch das dicke hohe Ufergras; ihre Kleinen waren vor Erschöpfung in tiefen Schlaf gefallen. Bei Sonnenuntergang erreichte sie das Lager, in dem große Aufregung herrschte; denn man hatte sie schon von weitem kommen sehen, und Kinder und Hunde verkündigten lärmend ihre Ankunft.

»Hu, hu! Wikos Nakpa ist mit den Zwillingen wieder da! Hu, hu!« riefen die Männer. »Toki, Toki!« schrien die Frauen.

Wikos Schwester, die im Lager war, kam und nahm Nakpa die Kinder ab, als sie endlich leise schreiend stillestand. Visiwin, das Gelbe Weib, und eine andere junge Mutter nahmen die Kleinen zärtlich an ihre Brust und gaben ihnen zu trinken.

»Ugh, ein Krähenpfeil im Sattel! Kampf, Kampf!« rief ein Krieger.

»Singt ein Stark-Herz-Lied[17] fürs Langohr, sie ist allein mit ihrer Last entkommen; sie darf eine Adlerfeder tragen! Seht den Pfeil im Sattel, und dann diesen Messerschnitt im Hals; ein Pfeil hat sie auch noch an den Hinterbeinen gestreift! Nein, das waren Wolfszähne! Sie hat viele Gefahren überwunden und zwei Häuptlingssöhnen das Leben gerettet; die werden später den Krähen diesen Tag vergelten.«

So sprach ein Alter zu der sich schnell ansammelnden Menge. Visiwin kam dann mit einer Adlerfeder und etwas weißer Farbe wieder. Die Jünglinge rieben Nakpa sorgfältig ab, und die in Anbetracht ihrer Wunden rot bemalte Feder befestigte man an ihrer Mähne. Vorder- und Hinterflanken wurden, als Auszeichnung für ihre tapfere Flucht und Rückkehr, ebenfalls rot bemalt. Dann führte sie der Herold, unter lautem Lobgesang auf ihre Tapferkeit, innerhalb des Zeltkreises um das Lager. Die Leute standen vor den Zelten und hörten aufmerksam zu; denn die Dakota freuen sich, wenn Treue und Tapferkeit anerkannt und geehrt werden.

Am nächsten Tag erschienen Reiter, die die traurige Kunde vom Kampf und den Verlusten ins Lager brachten. Am späten Nachmittag kam Wiko. Ihr Gesicht war vom Weinen geschwollen, ihr schönes Haar zum Zeichen der Trauer kurz geschnitten und ihr Gewand mit Blut und Staub bedeckt. Schunkaska war im Kampf gefallen, und sie glaubte, daß ihre Kinder von den Krähen gefangengenommen worden seien. Sie sang, als sie das Lager betrat, ein Loblied auf die Heldentaten ihres Mannes. Als sie an ihrer Schwester Zelt kam, stand Nakpa davor, noch mit ihren Ehrenzeichen geschmückt. Im selben Augenblick trat ihr Visiwin entgegen mit beiden Kindern im Arm.

»Mitschinkschipi! Mitschinkschipi! Meine Söhne! Meine Söhne!« war alles, was die arme Mutter hervorbringen konnte, als sie aus dem Sattel sank.

Das verachtete Langohr hatte ihr Vertrauen nicht enttäuscht.

Die Kriegsjungfrau

Der alte Anpetu Schotoschu, der Rauchige Tag, war jahrelang der beste Geschichtenerzähler und Kenner der Überlieferungen seines Stammes. Von ihm habe ich die Geschichte von der Kriegsjungfrau gehört. In alten Zeiten nahmen Frauen selten am Kriege teil, vielleicht einmal ein junges Mädchen, die Letzte ihres Geschlechts, oder eine Witwe, deren geliebter Gatte im Kampf gefallen war. Derartige Ereignisse stachelten Mut und Tatkraft der Männer bis zum äußersten an.

»Vor langen Zeiten«, erzählte der Alte, »schlugen die Hunkpapa und Pabaksa ihr Lager gemeinsam auf der weiten Ebene östlich vom Heiligen See[18] auf. Es war Hochsommer und wir waren glücklich, hatten wir doch Nahrung die Fülle, denn die Büffel weideten in riesigen Scharen auf der Ebene.

Die Zelte waren in zwei großen Kreisen aufgestellt, und alles wartete auf die Sommerfeste. Ballspiele, Tänze und sonstige Vergnügungen fanden täglich statt und dauerten bis in die Nacht. Ach, wo sind sie hin, die schönen Feste von damals!« seufzte traurig der Alte.

»Der oberste Häuptling der Hunkpapa hieß Tamakotsche, Sein Land. Er war ein tüchtiger Krieger und Jäger, ein großzügiger Gastgeber, der von seinem Volk sehr geliebt wurde. Seine drei Söhne waren alle im Kampf gefallen, denn der ehrgeizige Vater hatte sie zu so waghalsigen Heldentaten angestachelt, daß sie jegliche Gefahr mißachteten und dabei ihr Leben einbüßten.

F.W.

Nach dem Tode der Söhne war Makátah, Auf-der-Erde, seine einzige, wunderschöne Tochter, sein Stolz und seine ganze Freude. Waren sie zusammen im Zelt, so hörte sie ihn immer und immer wieder die Heldentaten der Brüder preisen. Manchmal mußte sie auch zu seinen Kriegsliedern tanzen; so kam es, daß sie schon als Kind den Krieg liebte.

Als junges Mädchen zeichnete sie sich durch Schönheit und Bescheidenheit aus und machte in den Nachbarstämmen von sich reden, nicht zum mindesten durch ihre Klugheit. Makátah hatte aber keine Lust zu heiraten. Sie wollte ihrem Vater zeigen, daß sie, obwohl nur ein Mädchen, ein Kriegerherz besäße, und wünschte ihrer Brüder Gräber zu besuchen, das heißt in Feindesland zu gehen.

Bei diesem freundlichen, gemeinsamen Lagern zweier Stämme war eines der Hauptereignisse das Jungfrauenfest, das Makátah gab. Die Festgewänder der jungen Mädchen fertigte man damals aus weißem Hirschleder und verzierte sie auf das üppigste mit farbigen Stickereien, Pelz, Wampum und roter Farbe. Es war eine prächtige Schar junger Leute bei diesem Fest, aber Tamakotsches Tochter überstrahlte mit ihrer Schönheit und ihrem Liebreiz alle anderen.

Mehrere berühmte Krieger warben um sie; zwei von ihnen wären dem alten Häuptling als Schwiegersöhne hochwillkommen gewesen, aber Makátah hatte den Geistern ihrer Brüder gelobt, ins Krähenland zu ziehen, und eher wollte sie nicht heiraten.

He Duta, das Rote Horn, der stattlichste unter ihren Freiern, hatte alles versucht, um sie zu gewinnen. Er brachte ihr die kostbarsten Gaben, ja, führte selbst seines Vaters Stellung als Häuptling des Act-Head-Clans ins Feld, um eine Entscheidung zu seinen Gunsten herbeizuführen. Das Mädchen blieb gleichgültig, ihr Vater aber schien die Verbindung zu wünschen.

Unter ihren Bewerbern war auch Wambli Tschkiula, der Kleine Adler, eine Waise, arm, unbekannt und ohne Kriegsauszeichnungen. Er war so unbedeutend, daß ihn niemand weiter beachtete. Den schien Makátah gern zu haben, sie ermutigte ihn aber nicht öffentlich.

Eines Tages faßten die Pabaksa den Entschluß, die Krähen an der Mündung des Red River, eines Nebenflusses des Assiniboine, anzugreifen. Makátah wandte sich sofort an ihre Vettern und fragte, wer von ihnen mitginge.

›Drei von uns‹, erwiderten sie.

›Wollt ihr mich mitnehmen?‹ fragte das Mädchen. ›Ich habe ein gutes Pferd und werde euch in der Schlacht nicht zur Last fallen. Ich bitte nur als Verwandte und als Mädchen um Schutz im Lager.‹

›Wenn Onkel Tamakotsche dir mitzugehen erlaubt, sind wir stolz, dich bei uns zu haben, damit du uns zu tapferen Taten anfeuerst‹, gaben sie ihr zur Antwort.

Da ging das Mädchen zu seinem Vater, um ihn um Erlaubnis zu bitten.

›Ich will‹, sprach sie, ›die Gräber meiner Brüder sehen. Ich nehme ihre Kriegshauben und Waffen mit und werde sie am Abend vor der Schlacht nach altem Brauch anderen verleihen. Seit langem trage ich mich mit dieser Absicht; jetzt ist es Zeit.‹

Der Häuptling, der schon ein betagter Mann war, saß

allein in seinem Zelt und dachte an seine Jugend zurück, als er ein tüchtiger und hochgeachteter Krieger war. Schweigend hörte er den Worten seiner Tochter zu, füllte seine Pfeife, rauchte und antwortete endlich mit Tränen in den Augen:

›Tochter, ich bin ein alter Mann; mein Herz schlägt heftig, und ich kann die Tränen nicht zurückhalten. Meine drei Söhne, auf die ich so große Hoffnungen gesetzt hatte, sind tot, du bist jetzt mein einziges Kind, die Stütze meines Alters; du bist tapfer, ebenso tapfer wie deine Brüder. Gehst du, so muß ich fürchten, daß du nicht zurückkehrst; dennoch kann ich dir meine Erlaubnis nicht verweigern.‹

Dann sang der Alte ein Kriegslied.

›Was soll das bedeuten?‹ fragten einige von draußen hereintretende Männer. Er teilte ihnen sogleich mit, daß eine Anzahl junger Hunkpapa-Krieger sich an dem Kriegszug gegen die Krähen beteiligen wollten. Sie wollten sich die Ehre, ihres Häuptlings Tochter zu geleiten, nicht nehmen lassen.

Makátahs Verehrer nahmen natürlich jede Gelegenheit wahr, an ihrer Seite zu reiten. Bei Nacht stellte sie ihr kleines Zelt bei den Lagerfeuern ihrer Vettern auf und legte sich dort furchtlos zur Ruhe. Aufmerksame Jünglinge brachten ihr morgens und abends frisches Fleisch, doch von Liebesdingen war in Kriegszeiten keine Rede. Man verkehrte miteinander wie Bruder und Schwester.

Zwei Tage später, als sich die beiden Siouxstämme auf der Ebene trafen, verkündigte der Herold, daß Makátah den Kriegszug mitmachen werde. Man wollte dadurch die Krieger beider Stämme, besonders die jungen, unerfahrenen, anspornen, sich im Kampf auszuzeichnen. Ein Teil der älteren Krieger indessen billigte des Mädchens Teilnahme an dem Unternehmen nicht.

›Sie ist ebenso ehrgeizig wie tapfer‹, sprachen sie untereinander. ›Sie bringt sich sicher in Gefahr, treibt die Jünglinge dadurch zur Verzweiflung, und es wird manches Leben kosten.‹

Da sie Makátah und ihren Vater schätzten, widersprachen sie nicht öffentlich.

Am dritten Tag kehrten die ausgesandten Kundschafter mit der Nachricht zurück, daß die Krähen, wie man vermutet hatte, am Zusammenfluß des Missouri und des Roten Flusses lagerten. Der ganze Krähenstamm mit Tausenden von prächtigen Pferden war dort.

Im Siouxlager herrschte große Erregung, und die Anführer versammelten sich sofort zur Beratung. Man beschloß, am nächsten Morgen bei Sonnenaufgang anzugreifen. Die Führer ordneten ferner an, daß Makátah, sowohl zu Ehren ihres Vaters als auch zur Erprobung ihres Kampfgeistes, den Angriff von Anfang an leiten solle, daß sie aber, sobald sie mit dem Feind zusammenträfen, zurückbleiben müsse. Das Mädchen besaß eines der besten Ponys und hatte durchaus nicht die Absicht, zurückzuweichen, aber das behielt sie natürlich für sich.

Am Abend vor dem Angriff sang jeder Krieger sein Kriegslied und verkündete nach altem Brauch die besondere Kriegsmedizin, den Schutzzauber seiner Sippe. Die jungen Krieger wetteiferten im Erzählen von Heldentaten, die sie am anderen Tage ausführen wollten. He Dutas Stimme klang laut unter den Prahlern. Man kannte ihn als etwas eitel, wußte aber, wie tapfer er war. Wambli, der auch dabei war, benahm sich sehr bescheiden und still, wie es einem Neuling zukommt. Mitten im lauten Gespräch trat plötzlich Ruhe ein.

›Still, still!‹ flüsterte man, ›seht, seht! Die Kriegsjungfrau kommt!‹

Aller Augen richteten sich auf Makátah, die ihr prächtiges fahlgelbes Streitroß nur mit einem Lasso lenkte.

Sie saß hochaufgerichtet im Sattel, der mit vielen Fransen verziert und reich bestickt war, und hatte ihr bestes Gewand angelegt; dazu trug sie ihres Vaters Kriegshaube. In den Händen hielt sie die zwei mit Adlerfedern besetzten Kriegshauben ihrer Brüder. Als sie, der Sitte entsprechend, den Lagerkreis singend umritten hatte, wählte sie einen der jungen Krieger aus und gab ihm als besonderes Ehrenzeichen die Kriegshaube, die sie in der rechten Hand hielt. Danach wandte sie sich zu den Pabaksa und gab einem ihrer Jünglinge die andere Kriegshaube. Sie war wirklich sehr schön, selbst das Blut der Alten wallte beim Anblick dieser prächtigen Erscheinung auf.

Bei Tagesanbruch waren beide Siouxstämme bereit zum Angriff. Alle ritten ihre besten Pferde. Die nackten Körper der Männer waren mit Kriegsbemalungen geschmückt. Die wohlgefüllten Köcher hingen ihnen zur Seite, und jeder hielt seinen eichenen Bogen bereit.

Der mit der eindrucksvollsten Stimme begabte Krieger sollte das Zeichen zum Angriff, einen einzigen gellenden Schrei, geben. Damit ahmte er den grauen Wolf nach, der, ehe er angreift, einmal lang aufheult.

›He-i-i-ei-i!‹ ertönte es schließlich.

Als der Ruf verhallt war, klang aus fünfhundert kräftigen Kehlen die Antwort, und in demselben Augenblick sprengte Makátah auf ihrem stolzen Falben wie ein Pfeil, der vom Bogen abschnellt, weit hinaus in die Ebene. Es war ein großartiger Anblick, ich habe so etwas nie wieder gesehen.«

Die Augen des Alten leuchteten bei der Erzählung, und seine gekrümmten Glieder strafften sich.

»Das weiße Hirschlederkleid des Mädchens«, fuhr er fort, »war mit Hirschzähnen und Hermelinschwänzen verziert. Ihr langes, schwarzes Haar war nur mit einem Otterfellstreifen zusammengebunden und wehte, wie ihre Adlerfederhaube, weit nach hinten. In der Hand trug sie einen mit Adlerfedern geschmückten Coupstab. So jagte sie allen voran.

Kriegsgeschrei der Männer und Schreckensrufe von Frauen und Kindern erfüllten die klare Morgenluft, als unsere Krieger auf das Lager zupreschten. Der Angriff fand auf einer weiten Ebene statt, und die Krähen warfen sich uns schreiend entgegen. Doch die Überraschung war nicht nur auf ihrer Seite: sie waren uns an Zahl stark überlegen und setzten uns hart zu.

Der Kampf dauerte lange und war verlustreich. Gegen Abend machte der Feind einen Gegenangriff. Von unseren Pferden waren viele kraftlos und erschöpft. Wir mußten uns unter großen Verlusten zurückziehen. Die Pabaksa flohen wie die Weiber, aber Tamakotsches Leute kämpften tapfer bis zum äußersten.

Makátah und ihre Hunkpapa hielten stand. Man rief ihr zu: ›Zurück, zurück!‹ Aber sie achtete dessen nicht.

Sie hatte keine Waffe, nur ihren Coupstab, feuerte aber durch ihre Zurufe und ihr Lob die Männer zu verzweifelten Heldentaten an.

Schließlich wurden aber auch die Sioux so heftig bedrängt, daß sie sich zurückziehen mußten. Auch Makátah wollte folgen, aber ihr Pferd war müde, und so blieb sie immer weiter zurück. Die meisten ihrer Verehrer ritten schnell an ihr vorbei und retteten das eigene Leben.

Nur wenige blieben im rasenden Kampf zurück, um den Rückzug zu decken. Da holte He Duta das Mädchen ein. Sein Pferd war noch frisch, er hätte sie bitten können, hinten aufzusitzen, aber er schaute nicht einmal zu ihr hin, als er an ihr vorbeigaloppierte.

Makátah sagte nichts, aber sie blickte ihm nach. Er war es, der sie am meisten seiner Liebe versichert hatte. Ach, mußte sie nun sterben?

Gleich darauf kam Wambli. Er war unverwundet und lächelte ihr zu.

›Nimm mein Pferd, ich bleibe und kämpfe weiter!‹ rief er ihr zu.

Sie schaute ihn an und schüttelte den Kopf, er aber sprang ab, hob sie auf sein Pferd und gab dem Tier einen Schlag, so daß es mit seiner Reiterin pfeilschnell dem Siouxlager zueilte. Dann nahm er den erschöpften Falben beim Zügel und wandte sich wieder dem Kampfgetümmel zu.

Die kleine Schar widerstand noch in ungebrochener Tapferkeit den andrängenden Krähen. Als Wambli mit Makátahs Falben zu ihnen zurückkehrte, wurde ihr Mut aufs neue entflammt, und sie stürzten sich mit solcher Wut auf die Krähen, daß diese zurückweichen mußten.

Die geflohenen Sioux holten sich frische Pferde, kehrten zum Kampfplatz zurück, und bei Sonnenuntergang hatten sie die Schlacht gewonnen. Wambli war einer der ersten, die, Angst und Schreckend verbreitend, in das Krähenlager eindrangen. Man erzählte sich später, er habe sich völlig verändert; man habe den stillen Jüngling nicht wiedererkannt.

Diese großartige Schlacht vertrieb den kriegerischen Krähenstamm vom Missouri. Sie suchten sich am Yellowstonefluß in den Big Horn Mountains eine neue Heimat. Aber viele der Unseren waren im Kampf gefallen – auch Wambli.

Die Sonne war untergegangen. Die Sioux sammelten sich um ihre Lagerfeuer und erzählten ihre Heldentaten und rühmten ihre tapferen Toten. Dann sang man die Klagelieder für die Gefallenen. Die Trauer um die Verluste war gemischt mit Siegesfreude.

›Still! hört!‹ Das Singen und Klagen in beiden Lagern verstummt plötzlich, nur eine Stimme hört man, eine weibliche. Allen Schmuckes ledig, die Fransen ihres Kleides kurz abgeschnitten, barfuß, das Haar dicht am Hals gekürzt, mit einem Pony, dessen Schwanz und Mähne kurz geschoren sind, so erscheint Makátah. Sie trauert als Witwe.

Laut weinend erklärte sie sich öffentlich als Wamblis Witwe, obwohl sie nicht mit ihm verheiratet war.

›Er hat‹, so sagte sie – und wie wahr sprach sie! – ›meines Stammes Ehre und Leben auf Kosten seines eigenen Lebens gerettet. Er war wirklich ein Mann!‹

›Ho, ho!‹ riefen die alten Krieger, aber die Jungen, Makátahs Verehrer, wunderten sich und schwiegen still.

Die Kriegsjungfrau erreichte ein hohes Alter, aber sie blieb ihrem toten Helden treu. Sie verheiratete sich nicht, und man kannte sie nur als Wamblis Witwe.«

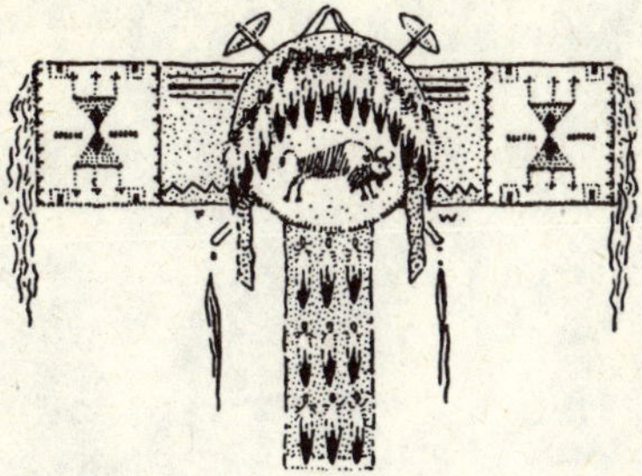

Zweiter Teil

Indianische Krieger

Tatokalas Liebe

Hoch über einem jähen Abgrund, auf der höchsten Spitze des Adlerfelsens, stand einsam und regungslos ein Mensch, und fast wie ein Adler sah er dort oben aus. Wohl sahen ihn unten im Lager die Leute, aber keiner schaute lange zu ihm hoch. Sie wandten bald ihre Augen ab, denn die Höhe über der Ebene war schwindelerregend. Unbeweglich wie ein Geist hob sich die Gestalt des jungen Kriegers von den Wolken ab.

Es war Tatokala, die Antilope. Er fastete[19] und erwartete ein Zeichen vom Großen Geheimnis. Dies war der erste Schritt eines jungen, ehrgeizigen Sioux, den es nach Kriegstaten und Ruhm dürstete, auf dem Weg zum Krieger.

Er ist ein angesehener Jüngling unter den wilden Sioux, der für seinen Stamm und nicht aus Eigennutz jagt. Am Lagerfeuer klingt seine Stimme sanft und bescheiden, aber schrecklich tönt sie in der Schlacht. So hörte man über Tatokala sagen. Je mehr er in der Einsamkeit den Wundern des Großen Geheimnisses nachspürte, um so sanfter und bescheidener wurde er, um so mehr aber wuchsen auch sein Mut und seine Mannhaftigkeit. Als Sohn und Jäger stand er in bestem Ruf, hatte er doch bereits die Prüfung – einen Büffel mit nur zwei Pfeilen zu erlegen – bestanden.

Einige Wochen später, an einem heißen Hochsommermorgen, während die meisten Zeltbewohner noch im Freien saßen und ihre Morgenmahlzeit einnahmen, tönte weit über die tannenbewachsenen Höhen und grünen Täler die mächtige Stimme des Herolds.

»Hört, hört, ihr Krieger!« rief er laut. »Der Rat hat beschlossen, daß vier tapfere Jünglinge das Land westlich vom Lager zum Schutz unseres Volkes auskundschaften sollen!«

Alle horchten gespannt auf die Namen der erwählten Krieger, und gleich darauf erscholl dröhnend: »Tatokala, Tatokala, die Wahl ist auch auf dich gefallen!«

Die vier erwählten Jünglinge erschienen bald am Ratsfeuer. Sie gelobten, ihre Pflicht zu tun, rauchten ehrfurchtsvoll einige Züge aus der Pfeife, und der Oberste des Rates, ein stattlicher alter Häuptling, erteilte ihnen ihren Auftrag.

Ein Trupp Krieger gab ihnen das Geleit. Man sang, altem Brauch gemäß, ein Stark-Herz-Lied, und leichten Fußes verschwanden die vier in den Wäldern.

Die Kundschafterpflichten waren schwer.[20] Die Sioux hatten einen Übergriff auf feindliches Gebiet gemacht, und hier und da war in den vorgelagerten Hügeln der Big Horn Mountains einem ihrer Jäger der Rückweg vom Feinde abgeschnitten worden.

Konnte selbst scharfe Wachsamkeit sie nicht mehr genügend schützen, so mußten sie sich bald in ihre eigenen Jagdgründe zurückziehen.

Tatokala war zwei bis drei Stunden rasch gelaufen; es lag aber noch manch tiefe Schlucht und manch steiniger und rauher Landstreifen zwischen ihm und dem in weiter Ferne in blauem Dunst schimmernden Bergesgipfel.

»Ich werde auf dem Bärenherzgipfel stehen!« sprach er zu sich selbst. »Erreiche ich ihn und statte noch vor den anderen meinen Bericht ab, dann habe ich eine Tat vollbracht.«

Kühn schweiften seine Blicke über die vor ihm ausgebreitete Landschaft. Plötzlich hielt er inne, duckte sich lautlos und beobachtete verwundert einen sich bewegenden Gegenstand. Er wurde aus einem Versteck beobachtet und war vom Feinde entdeckt! Immer noch gebückt, glitt er eine kleine Schlucht hinab. Als er das Bachbett erreichte, sprang plötzlich vor ihm ein großer grauer Wolf auf.

Das kam Tatokala sehr zupaß. Er ahmte den Notruf der grauen Wölfe nach, wartete einen Augenblick, wiederholte ihn und rannte dann schnell den Fluß entlang.

»Da kommt er!« flüsterten die Feinde in ihrem Versteck und spannten ihre Bogen, als der Wolf leise herantrottete. Als das Tier dann ins Freie trat, oje! Da war es nur ein Wolf!

»Ugh!« staunten die Ute und schauten sich betroffen an.

»Natürlich, es war ein Mann, der uns vor die Augen kam! Wir haben doch zum Kriegsgott gebetet, als wir auf Kundschaft gegen die Sioux ausgesandt wurden, daß wir ihr Lager auffinden möchten. Das ist ein Geheimnis, ein Zauber! Entweder ist es ein verzauberter Sioux, oder wir kennen ihre Schliche nicht!« rief der Anführer.

Mit lautem Kriegsgeschrei schossen sie ihre Pfeile ab. Der Wolf heulte auf, taumelte noch einige Schritte und fiel tot hin. Sofort rannten sie auf ihn zu, untersuchten ihn und fanden, daß es wirklich nur ein Wolf war.

»Entweder ist dies ein großer Medizinmann oder ein Siouxkrieger hat uns jämmerlich genarrt«, sprachen sie.

Auf diese Weise verloren sie mehrere Minuten, ehe sie Tatokalas ansichtig wurden; er war erst am Fluß entlanggelaufen, nun trat er hinaus in die weite Ebene. Sicherer wäre es für ihn gewesen, sich bis zur Dunkelheit verborgen zu halten, aber bis dahin hätten die Ute das Lager erreicht, und seine Leute wären unvorbereitet gewesen. Es war daher notwendig, daß er sich dem Feinde aussetzte. Freilich handelte es sich hauptsächlich um einen Wettlauf, und darin war er Meister; andererseits waren die Ute durch ihre Pferde im Vorteil.

»Der Sioux, der uns heute diesen Streich gespielt hat, muß sterben!« rief der Führer. »Auf, Freunde, wir können nicht dulden, daß er dies seinen Leuten am Lagerfeuer zur Belustigung erzählt!«

Tatokala rannte in gerader Richtung auf den Adlerfelsen zu, von dessen Gipfel man das Lager deutlich sehen konnte. Fast den ganzen Tag schon war er gerannt, so schnell seine Beine ihn trugen, aber jetzt, jetzt mußte er seine letzte Kraft aufbieten!

»Ich erreiche den Gipfel zuerst, es sei denn, die Ute-Pferde hätten Flügel!« sprach er zu sich.

Als er sich umschaute, gewahrte er fünf Reiter. Da prüfte er seinen Pfeil und Bogen.

»Ich bin bereit«, murmelte er. »Wenigstens einer ihrer Geister muß meinen ins Geisterland führen.« Dort, glaubte man, gäbe es keine Kämpfe mehr.[21]

Jetzt konnte er bereits ihr Kriegsgeheul hören, aber schon hatte er auch den Fuß des Felsens erreicht. Ihre Pferde konnten den steilen Aufstieg nicht im Lauf erklimmen, und sie mußten absitzen. Geschickt wie ein Wild sprang der Sioux von Fels zu Fels, und beinahe bis auf Bogenschußweite näherten sich seine wüst schreienden und johlenden Verfolger. Als er den Gipfel erreicht hatte, bezog er zwischen zwei großen Felsblöcken Stellung und sandte mit seinem kleinen Spiegel blitzende Signale[22] in das weit unten liegende Lager der Seinen. Lange kam keine Erwiderung, und mancher Pfeil flog über ihn hin, denn die Ute rückten immer noch näher. Er schoß ab und zu zurück, um zu zeigen, daß er kein Kind oder altes Weib sei, sondern tapfer wie ein Bär, der sich von den Jägern gestellt sieht.

Im Augenblick, als sie Tatokalas zuerst ansichtig geworden waren, hatten die Ute einen Boten an ihre Hauptmacht gesandt. Da er dies aber nicht wußte, war sein Mut ungeschwächt. Von Zeit zu Zeit sandte er immer wieder mit seinem Spiegel Signale ins Lager. Endlich blitzte ein kleines weißes Licht als Erwiderung auf.

Die Sonne stand bereits tief, als der bedrängte Krieger einen großen Trupp Reiter von Nordwest anrücken sah. Es waren die Ute! Sorgfältig spähte er hinab zum Siouxlager; es bewegte sich eine Reiterschar über die Ebene und näherte sich dem Fluß des Berges.

Am Nachmittag hatte man im Lager sein Notsignal bemerkt, und alles geriet in Aufregung, denn erst wenige Männer waren von der täglichen Jagd zurück. Aber kaum waren sie da, warfen sie sich auf ihre besten Pferde und ritten schreiend und singend davon. Als sie den wohlbekannten Felsen erreichten, konnten sie gerade noch erkennen, wie sich ihre Feinde in Massen hinter den überhängenden Felsblöcken und zerstreuten Zedern versteckten.

Tatokala hatte seinen Vorrat an Pfeilen längst aufgebraucht und sammelte die, die um ihn herumlagen, um sie auf seine Verfolger zurückzuschießen. Als ihre Aufmerksamkeit einen Augenblick durch die plötzliche Annäherung der Sioux abgelenkt wurde, sprang er auf. Zum Dank für seine Errettung hob er beide Hände zum Himmel empor, während seine Freunde mit lautem Geschrei seine kühne Tat priesen.

Auf beiden Seiten wurde verbissen gekämpft. Am Ende waren es die Ute, die sich zurückziehen mußten. Sie wurden heftig verfolgt. Tatokala stand hoch aufgerichtet auf dem Felsen, der ihm Schutz gewährt hatte, jauchzte und schrie vor Freude. Seine Freunde stimmten in den Jubel ein, und die Felsen hallten wider von dem Siegesschrei und Ruhm des kühnen Helden.

Im Siouxlager am Verlorenen Wasser tanzte man und feierte den Sieg mit Gesang und Jubel, aber auch Wehklagen und Weinen mischte sich in die Freude, lag doch auch manch einer tot zwischen den Felsen. Tatokalas Name aber war mit dem Adlerfelsen unauslöschlich verknüpft.

»Wenn er eine Kriegshaube aus Adlerfedern tragen will, so steht sie ihm auch zu«, entschied ein Jüngling. »Er ist aber sehr bescheiden und beteiligt sich kaum an den Skalptänzen«, warf ein anderer ein. »Ich glaube, er hat noch nie mit einem jungen Mädchen gesprochen.«

»Nein, man hat noch nichts davon gehört, daß er um ein Mädchen geworben hätte. Was würden manche Eltern darum geben, wenn er ihre Tochter begehrte! Er wird aber, ehe er heiratet, sich noch an manchen Kriegszügen beteiligen wollen«, sagte ein anderer.

Wisih, die Gelbe Sonne, Tatokalas alter Vater, empfing den ganzen Nachmittag Glückwünsche. Viele Alte kamen in sein Zelt, um mit ihm zu rauchen. Das stimmte den Gastgeber hochgemut, war er doch von einfacher Herkunft und hatte nie zuvor erfahren, was es heißt, Auszeichnungen und Bewunderung zu genießen.

Anderentags sah man die ganze Jugend des Lagers in einer Richtung das Lager verlassen. Alle waren in ihre besten Gewänder gehüllt, selbst die flinken Ponys waren, um dem Schönheitsbedürfnis ihrer Reiter zu genügen, reich geschmückt.

»Ugh! Taluta, die Rote Hirschkuh, gibt ein Jungfrauenfest. Sie, das lieblichste von allen Hunkpapamädchen!« rief jemand denen zu, die noch nichts davon gehört hatten.

Und Taluta war in der Tat ein bezauberndes Mädchen. Sie hatte bereits fünf Jungfrauenfeste veranstaltet und wurde ihres bescheidenen und keuschen Wesens halber von ihren Stammesgenossen hoch geschätzt.

Der Mädchenkreis war nach einiger Zeit vollständig. Der Kreis der alten Frauen, die sich um den inneren Kreis herum aufgestellt hatten, war nicht minder malerisch und um einiges würdevoller. Man sah die Großmütter und nicht die Mütter als natürliche Beschützerinnen junger Mädchen an, und die Alten ernteten durch diese Aufgabe großes Ansehen, besonders bei öffentlichen Anlässen. Wischaui, die Rote Sonne, deren Schützling viele Verehrer hatte und ein etwas leichtsinniges Mädchen war, war recht unruhig und fingerte bald an ihrem Kleid, bald an ihrem Halsschmuck herum, fürchtete sie doch, daß ihre Enkelin etwas Unangenehmes erleben werde. Noch manch andere Alte teilte diese Sorge mit ihr.

Die Lagerpolizei hielt strenge Ordnung. Ihre Mitglieder waren auffallend bunt bemalt und mit Adlerfedern geschmückt. Sie hielten lange Gerten in den Händen. Ihre Pferde trugen auf den Köpfen Felle von wilden Tieren, was ihnen ein furchterregendes Aussehen verlieh.

Die Jünglinge, die ebenfalls schön geschminkt waren, bildeten den äußeren Kreis der Versammlung. Manche hatten ihre Decken über die Köpfe gezogen, um nicht erkannt zu werden, und hielten sich scheu im Hintergrund. Unter letzteren waren Tatokala und sein Vetter Roter Adler.

»Wu, wu!« tönte der weithallende Ruf der Polizeikrieger, die den Anfang des Festes verkündigten. In der Mitte des Mädchenrings stand, getreu der Überlieferung, der herzförmige rote Stein, umsteckt mit Pfeilen. Diesmal waren es fünf Pfeile, zum Zeichen, daß Taluta bereits fünf Jungfrauenfeste gegeben hatte. Jedes Mädchen mußte, zum Zeichen ihrer Sittsamkeit und Tugend, die Hand auf den Stein legen und außerdem so viele Pfeile berühren, wie sie selbst Jungfrauenfeste gegeben hatte.

Taluta trat zuerst vor. Sie erschien den Umstehenden, als sie so einen Augenblick neben dem heiligen Stein stand, wie das verkörperte Bild von Anmut und Bescheidenheit. Ihr Kleid war an den Nähten mit langen Fransen verziert und mit einer blauweißen Perlenstickerei geschmückt, die Schultern und Brust bis auf den Gürtel herab bedeckte. Ihr glänzend schwarzes Haar war in zwei dicke Zöpfe geflochten, die ihr über die Brust herabhingen. Eine edle Würde war in allen ihren Bewegungen, als sie den Mädchenschwur ablegte.[23] Ihr folgten die anderen Jungfrauen.

Als das Fest zu Ende war und sich alle zerstreuten, waren Tatokala und sein Vetter unter den letzten, die aufbrachen. Der junge Mann hatte jede Bewegung Talutas, solange sie in Sicht war, verfolgt und zog sich nicht zurück, bevor sie nicht verschwunden war.

Im allgemeinen war es bei unserem Volk Brauch, daß sich ein junger Mann einem jungen Mädchen selbst vorstellte, allenfalls konnte auch eine Schwester ihren Bruder der Freundin zuführen. Tatokala hatte keine Schwester, die ihm helfen konnte, und hätte er eine gehabt, so würde er sie nicht darum gebeten haben. Er hatte kein Vertrauen zu sich in dieser neuen, ihm so fremden Angelegenheit und teilte daher niemandem sein Geheimnis mit. Ja – hätte es sich um das Aufspüren eines Wildes oder das Auskundschaften eines Ojibway gehandelt, er hätte bei dem bloßen Gedanken, dabei fehlzugehen, lachen müssen.

Am anderen Morgen stand Tatokala in aller Frühe auf und kleidete sich sehr sorgfältig an. Er trug sein bestes Lederhemd und eine schöne Büffeldecke, warf einen gestrickten Köcher über die Schulter und wanderte in den Wald, ohne zu wissen, wohin.

Was tun? dachte er. Sein Vater war von einfacher Herkunft, und von seinen eigenen Leistungen dachte er in seiner Bescheidenheit gering. Er nahm sich deshalb vor, einen größeren Kriegszug mitzumachen und Taluta zu vergessen.

Plötzlich hörte er fröhliches Mädchenlachen. Seine ganze Sicherheit verließ ihn; er stand zögernd da und blickte um sich auf der Suche nach einem Versteck. Die beiden Mädchen ahnten nicht, daß jemand in ihrer Nähe war, und plauderten und lachten fröhlich. Talutas Gefährtin war bei den ersten Himbeerbüschen stehengeblieben, sie selbst ging weiter. Als sie auf eine Lichtung trat, stand plötzlich Tatokala in seinen Feiertagskleidern vor ihr; sittsam schlug sie die Augen nieder.

Glücklicherweise erlaubt die Siouxsitte den werbenden Jünglingen, ihre Decke über den Kopf zu ziehen. In dieser Stellung machte Tatokala dem Mädchen mit zitternden Händen ein Zeichen.

Das Werben des Indianers ist einfach und direkt. Heiße Liebesworte strömten von den Lippen des jungen Kriegers.

»Die Geister leiten mein Glück. Vielleicht erscheint es dir wunderlich, daß ich nun, da wir uns hier zufällig begegnen, dir von meiner Liebe rede. Ich habe viel an dich gedacht, seit ich dich auf dem Jungfrauenfest gesehen habe. Will Taluta Tatokalas Frau werden? Die Mokassins, die sie ihm arbeitet, werden ihm bei der Verfolgung des Wildes und auf der Spur der Feinde Glück bringen. Ich bitte dich, Mädchen, laß nur die Vögel unter dem Himmel von unserem Zusammentreffen wissen, während du dir meinen Vorschlag überlegst.«

Während er so sprach, stand das Mädchen sittsam neben ihm und spielte mit dem Zügel ihres Pferdes. Ihr üppig befranstes Hirschledergewand hing, gleich den langen, hängenden Blättern des Weidenbaumes, anmutig herab, und ihre beiden schwarzen Zöpfe waren durchflochten mit Schnüren von Wildhufen und Muschelgeld. Eine feine Röte schimmerte unter ihrer braunen Haut; ruhig und weich, aber mit eigentümlich brennendem Glanz leuchteten ihre schwarzen Augen.

»Du wirst mich jetzt nicht drängen zu antworten«, erwiderte sie sanft, ohne ihn dabei anzusehen, »deine Rede hat mich überrascht, ich dachte nicht, daß ich hier jemanden treffen würde. Deine letzte Bitte gewähre ich. Nur die Vögel können unsere Begegnung ausplaudern, es sei denn, daß meine Verwandte, die im nächsten Gebüsch steht, uns zusammen gesehen hätte.« Leicht schwang sie sich auf ihr Pony und verschwand zwischen den verstreut stehenden Kiefern.

Ein Monat verstrich zwischen der ersten und zweiten Begegnung. Das jedoch war allein Tatokalas Schuld. Er gab sich trüben Gedanken hin und konnte zu keinem Entschluß kommen. Halb und halb bedauerte er seine ungestüme Werbung, und da er hoffte, seine Nöte beim Umherstreifen und im Krieg zu vergessen, hatte er sich dem Kriegshäuptling Kangipa, Krähenkopf, zu einem Zug ins Uteland zur Verfügung gestellt.

Alter Siouxsitte entsprechend, fasteten und beteten die jungen Krieger am Abend vor dem Ausrücken, unterzogen sich der reinigenden Wirkung des Dampfbades[24] und befragten die Geister.

Der letzte Abend war herangekommen, und Tatokala stieg auf den Hügel hinter dem Lager, um zu beten. Plötzlich traf er im Halbdunkel Taluta, die ihr Pony den Engpaß herabführte. Nie war sie ihm schöner erschienen als in dem Augenblick.

»Ho!« grüßte er. Sie lächelte ihn als Erwiderung nur schüchtern an. »Es ist lange her, daß wir uns zuletzt gesehen haben«, sagte er.

»Ich nahm an, daß dir an meiner Antwort nichts gelegen sei«, erwiderte sie.

»Ich kann nichts zu meiner Entschuldigung vorbringen, hoffe aber auf deine Großmut. Ich habe viel gelitten – du wirst verstehen, warum ich fern von dir stehe«, fügte er sanft hinzu. »Ich habe mich für den Krieg vorbereitet. Bei Tagesanbruch rücken wir gegen die Ute aus. Seit zehn Tagen war ich täglich im Dampfbad und habe zehn Nächte gefastet.«

Taluta wußte sehr wohl, daß sich ein Krieger unter diesen Umständen keiner Frau, nicht einmal der eigenen, nähern durfte.

»Ich bitte dich dringend, werde meine Frau! Bist du bereit, mir eine Antwort zu geben?« fuhr Tatokala fort.

»Meine Antwort sandte ich dir heute durch deine Großmutter«, erwiderte sie weich.

»Ah, rede, rede!« drängte er.

»Alles ist gut, fürchte nichts«, flüsterte sie.

»Ich habe mein Wort gegeben, ich habe gebetet, ich habe mich den Reinigungen unterzogen. Ich darf von diesem Kriegszug nun nicht zurückbleiben, aber ich weiß – ich werde glücklich sein«, fügte er nach einer Pause hinzu. »Meine Großmutter wird dir mein Liebeszeichen überbringen. Ah, Ketschuwa, Geliebte! Beobachte allabendlich den großen Stern – ich werde es auch tun –, dann schauen wir gemeinsam zu ihm auf. Wenn auch weit getrennt – unsere Geister sind dann doch beieinander.«

Der Mond war über den Hügeln aufgegangen, und sein kaltes Licht bestrahlte die beiden, die traurig, ein jeder für sich, dastanden, ihre Herzen so voll von heißem Verlangen. Widerstrebend, doch ohne rückwärts zu schauen oder zu winken, stieg der junge Krieger den Berg hinan, während das Mädchen heimwärts eilte. Wenige Minuten zuvor hatte sie davon geträumt, wie sie ihren Liebhaber beglücken wollte. Sie hatte Luftschlösser gebaut und vor sich ein weißes Zelt, auf unberührte Weise, umgeben von hohen Bergen, gesehen. Ihr Pony war daneben angepflockt, und sie selbst hatte das einfache Mahl für den Geliebten hergerichtet. Nun fiel seine plötzliche Abreise wie ein Schatten auf ihre Träume.

»Er ist zu tapfer, sein Leben wird nur kurz sein«, sprach sie wie in plötzlicher Vorahnung zu sich selbst.

Für wenige Stunden war alles ruhig, dann, kurz vor Tagesanbruch, hörte man die Kriegsgesänge der aufbrechenden Kämpfer. Tatokala war früh zur Stelle, kam aber schweren Herzens, wußte er doch, wie betrübt die Geliebte über seine plötzliche Abreise war. Sein einziger Trost war, daß er in seinem Gepäck ein Paar von ihrer Hand gestickte Mokassins mit sich führte. Er hatte sie noch nicht gesehen; durfte man doch die Abschiedsgeschenke erst am ersten Lagerfeuer vor aller Augen öffnen. Das bringt den Kriegern Glück, hieß es. Er hätte sein Verlöbnis gern geheimgehalten, aber das war nicht möglich. Die Lagerfeuer brannten, die Abendmahlzeit war verzehrt, da näherte sich der Herold und verkündigte, was an diesem Abend geschehen würde. Tatokala mußte sein Bündel zuerst öffnen. Als der widerstrebende Jüngling ein Paar prächtig gestickte Mokassins, die übliche Liebesgabe, daraus hervorholte, erscholl lautes Gelächter. Der Empfänger war als Neuling in Liebesangelegenheiten wohl bekannt, und die Krieger scherzten in solchen Fällen unbarmherzig, wußte man doch nie, wann man wieder so fröhlich beisammen sein würde.

Das Uteland lag fern, und als man es nach Tagen erreicht hatte, kam es auch bald zu heftigen Kämpfen. Beide Seiten schlugen sich erbittert, und auf beiden Seiten gab es Verluste. Tatokala zeichnete sich durch große Tapferkeit aus. Bei der Rückkehr schwebte ihm immer Talutas schönes Gesicht vor Augen, und er eilte voran, um sie früher wiederzusehen. Schon hatte er den Wild Horse Creek durchquert, die Black Hills lagen nordöstlich, und die Big Horn Mountains türmten sich im Norden. Das Land war ihm vertraut.

»Nun bin ich wirklich ein Mann; ich werde heiraten«, sprach er zu sich.

Endlich erreichte er den Gipfel, von dem herab er das Lager übersehen konnte, aber ach – kein Lager war dort! Nur ein einsames, leuchtend weißes Zelt schimmerte in der grünen Ebene; es war durch eine scharfe Biegung vom Fluß der Tiefen Wälder fast ganz umflossen. Eine seltsame Erregung bemächtigte sich seiner, und er spornte sein Pony zum Galopp an. Als Tatokala das einsame Zelt sah, wußte er sofort, was es war: ein Grab.

Es war bei den Präriestämmen Brauch, den Toten ein neues, weißes Zelt zu errichten. Man bettete sie darin in vollem Staat auf ein Lager von feinstem Leder und umgab sie mit ihren besten Habseligkeiten.[25]

Tatokalas Unruhe wuchs, als er sich dem durch eine dichte Umzäunung geschützten Zelt näherte. Es stand einsam auf dem verlassenen Lagerplatz. Heftig trieb er sein müdes Tier an. Endlich sprang er aus dem Sattel und eilte zum Eingang. Er zögerte einen Augenblick; es schauderte ihn bei dem Gedanken, ein Grab zu entweihen.

»Ich muß es sehen, – muß es sehen!« sprach er laut; er durchbrach verzweifelt den stachligen Zaun und öffnete den Eingang.

In dem stattlichen weißen Zelt, das Grab und Denkmal zugleich war, lag Talutas schöner Leib. Der Leichnam war unverwest, und das Mädchen, angetan mit ihren Festkleidern und umgeben von ihren Habseligkeiten, sah schön, wie schlafend, aus.

Ihr Liebster schaute laut weinend auf ihr stilles Gesicht. »He, he, he[26] ach, ach! Hätte ich das gewußt, als ich bei den Ute war – du hättest den Geisterweg nicht allein angetreten.«

Dann zog er sich zurück und stand, in seinem Schmerz versunken, draußen vor dem Zelt. Sein Streitroß graste in der Nähe und wieherte leise, um die Aufmerksamkeit seines Herrn auf sich zu lenken, denn ihm wurde die Zeit lang. Da fuhr Tatokala auf aus seiner gedankenschweren Erstarrung. Die Sonne stand über den westlichen Hügeln. Des Trauernden Kehle war ausgedorrt, Schweiß tropfte ihm von den Wangen nieder, aber ihn erfüllte einzig und allein die Sehnsucht, das ruhige, süße Gesicht der Geliebten noch einmal zu sehen.

Er machte ein kleines Feuer an und verbrannte Zedernfrüchte und etwas Süßgras[27], dessen Geruch seine Gestalt einhüllte, so daß sein menschlicher Geruch den Geist nicht beleidigte. War es doch sein sehnlichster Wunsch, von Talutas Geist ein Zeichen zu bekommen. Seine Kleider hatte er bis auf den Lendenschurz abgelegt. Das lange Haar hing lose über die Schultern und bedeckte die obere Hälfte des stattlichen Körpers. So stand er und stimmte in seinen eigenen Worten einen Klagegesang an. Aufmerksam horchte er zwischendurch, ob er nicht den Geist vernehmen könne, aber nur die Präriewölfe mit ihrem Geheul gaben ihm Antwort. Endlich sank er vor Erschöpfung nieder und vernahm im Schlafe eine Stimme:

»Trauere nicht um mich, mein Freund, komm in mein Zelt und nimm von meiner Speise!«

Tatokala begann einen Augenblick lang zu zittern; dann betrat er das Zelt. In der Mitte brannte ein lebhaftes Feuer. Ein Gefäß mit gekochtem Büffelfleisch stand Talutas Lager gegenüber. Es roch köstlich, aber er zögerte, es anzurühren.

»Fürchte nichts, Geliebter, es wird dir gut bekommen«, sagte die Stimme.

Das Mädchen war so natürlich, als ob sie lebte. Schön geschmückt saß sie auf ihrem Bett und benahm sich gütig und anmutig.

Der junge Mann aß schweigend und ohne den Geist anzusehen. »Ho, Geliebte«, sagte er, als er ihr, der Sitte entsprechend, die Schüssel zurückgab.

Schweigend saßen die beiden einige Minuten. Tatokala starrte in die glimmende Asche.

»Verzage nicht«, sagte Taluta endlich, »denn du wirst meinen Zwillingsgeist treffen! Sie wird dich lieben, wie ich dich geliebt habe, und du wirst ihr zugetan sein, wie du es mir warst. Das war unser Gelübde, bevor wir auf die Welt kamen.«

Diese Vorstellung eines Zwillingsgeistes war den Sioux ganz vertraut. »Ho, ja«, antwortete der Krieger ernst und würdig. Er stand in großer Ehrfurcht vor dem Geist und wagte nicht, seine Blicke zu ihm zu erheben.

»Weine nicht mehr, weine nicht, Geliebter!« fügte sie sanft hinzu. Im nächsten Augenblick erwachte Tatokala draußen vor dem Zelt. Seine Glieder waren steif und kalt, aber er fühlte weder Schwäche noch Hunger. Er füllte seine Pfeife, bot sie den Geistern an[28] und rauchte dann selbst; so verließ er aufgemuntert, wenn auch zögernd, die heilige Stätte.

Die anderen Krieger kamen später an den alten Lagerplatz und sahen das einsame Zeltgrab, doch sie hielten sich dort nicht weiter auf. Sie folgten der Spur ihrer Leute und erreichten das neue Lager. Obwohl sie einige Verluste gehabt hatten, fühlten sie sich doch als die Sieger und verkündigten es durch lauten Gesang. Ihre Stammesbrüder zogen ihnen entgegen; Tatokalas Vater war unter den ersten, die mit den Kriegern zusammentrafen. Er erfuhr, daß sein Sohn sich ausgezeichnet hatte, und hörte seinen Namen nicht unter denen der gefallenen Helden.

»Und wo ist er denn?« fragte er mit unverhohlener Angst.

»Er verließ uns vor drei Tagen. Er wollte vorauseilen«, erwiderten sie.

»Er ist aber nicht bei mir angelangt!« rief der alte Wisih erregt aus.

Dann kehrte er in sein Zelt zurück und tröstete sich so gut wie möglich mit seiner Pfeife.

Die Sonne war hinter den Hügeln verschwunden, und der alte Mann saß noch immer in seinem Zelt und starrte in die glimmende Asche. Da, plötzlich hörte er Pferdegetrappel.

»Ho, Vater!« tönte es zum Willkommensgruß.

»Mein Sohn, mein Sohn!« erwiderte er in überquellender Freude. Dann eilte der Alte an seine Schwelle, sang ein Loblied auf seinen Sohn und ließ es in einen Kriegsruf einmünden, wie er ihn seit seiner Jugend nicht mehr hatte erschallen lassen.

Das Lager hallte wider von den Siegesliedern und Tänzen, und Tatokala wurde von den Ratsmännern das Recht erteilt, von nun an eine Adlerfederhaube zu tragen.

Tatokala selbst blieb bei der Ehre, die ihm bezeugt wurde, ruhig und unbeweglich.

»Er ist ein Sonderling!« flüsterten einige Jünglinge, die die Vorgänge mit neidischen Blicken verfolgten.

Tatokala selbst erschien in der Tat merkwürdig bedrückt. Nur seine alte Großmutter wußte warum. Er nahm an keiner der Festlichkeiten teil, während seine Familie – besonders der alte Wisih – überglücklich war.

An einem kalten Oktobermorgen, als die Familie gerade ihr gekochtes Büffelfleisch zum Morgenimbiß verzehrte, ertönte dreimal die große Trommel aus dem Ratszelt.

Der alte Wisih setzte seinen hölzernen Napf nieder.

»Ach, mein Sohn, die Kriegshäuptlinge wollen etwas verkünden! Vielleicht rufen sie die Krieger zusammen. Ach, wenn man nur jetzt keinen Krieg anfängt! Ich werde alt. Ich habe mich über deine Erfolge gefreut. Ich höre es gern, wenn man deinen Namen nennt. Wenn du wieder in den Krieg ziehst, werde ich nicht mehr an den Feiern teilnehmen. Mein Gefühl sagt mir: du kommst nicht wieder.«

Junge Krieger waren bereits auf dem Wege zum Ratszelt.

»Vater, es schickt sich nicht für mich daheimzubleiben, wenn andere gehen«, sagte Tatokala endlich.

»Ho«, stimmte der Alte mit tiefem Seufzen zu.

»Fünfhundert Krieger haben sich verpflichtet, mit dem großen Kriegspropheten[29] gegen drei verbündete Stämme unserer Feinde zu ziehen«, berichtete er anschließend im väterlichen Zelt in so gehobener Stimmung, wie man sie seit Monaten nicht an ihm wahrgenommen hatte.

Seit Tatokala berechtigt war, eine Kriegshaube zu tragen, hatte sein Vater weder Zeit noch seine spärlichen Mittel gespart, um den Sohn zu unterstützen. Er hatte seine wertvollste Habe gegen Adlerfedern vertauscht und mit eigener Hand für seinen Sohn eine schöne Kriegshaube hergestellt.

»Du trägst jetzt zum ersten Male eine Adlerfederhaube, und du bist seit mehreren Geschlechtern der erste in unserer Familie, der sich das Recht darauf erworben hat. Ich bin stolz auf dich, mein Sohn!« sagte er, als er sie ihm überreichte.

Als aber der Jüngling erwiderte: »Ho, ho, ja Vater, ich muß in Anerkennung dieser Auszeichnung erst recht tapfer sein!« seufzte er tief. »Das fürchtete ich, mein Sohn! Wie mancher Jüngling hat, um seinen Mut zu zeigen und um der Eitelkeit willen, sein Leben eingebüßt.«

Die Krieger sollten sofort zum Kampf aufbrechen, daher begannen alsbald die Abschiedsfeiern. Auf ihren Lieblingsponys ritten sie gruppenweise um den inneren Kreis des Lagers und sangen ihre Kriegslieder. Alles kam aus den Zelten und hockte, aufs beste geputzt, horchend und beobachtend auf dem Erdboden. Die schönen Mädchen nahmen diese letzte Gelegenheit wahr, ihre Liebsten anzuschauen, sollten sie sie doch vielleicht niemals wiedersehen. Hier und da sang ein Alter ein Danklied und kündigte damit den ersten Kriegszug eines Neulings an. Solch eine Ankündigung brachte den Armen und Alten viele Geschenke ein.

Bei Anbruch der Nacht mischte sich der Ton der einfachen Flöte in die Klänge. Das war der Abschied der Liebenden. Die jungen Krieger, angetan mit ihren besten Gewändern, ließen die klagenden Töne in der Nähe der Zelte ihrer Liebsten ertönen.

Um Mitternacht rückten die fünfhundert Siouxkrieger, die Blüte ihres Stammes, gegen den Erzfeind aus. Tatokala war froher Stimmung. Er hatte seine Kriegshaube angelegt, um vor dem Feinde zu glänzen. Man erkannte ihn jetzt als einen der hervorragendsten Krieger seines Stammes an; ihm würde sicher ein besonders schwieriger Auftrag zuteilwerden, und er konnte auf neuen Ruhm und Auszeichnungen rechnen.

Nach fünf Tagen schlugen die Sioux ihr Lager eine Tagereise von den festen Niederlassungen der verbündeten Stämme der Ree, Mandan und Gros Ventre auf. Der Kriegshäuptling wählte zwei Männer, Tatokala und Wambli Tschintscha, den Jungen Adler. Sie sollten bei Nacht der Hauptmacht vorauseilen und die Stärke des Feindes erkunden. Man nahm an, daß die meisten Jäger bereits in ihren Winterquartieren seien; das hieß, daß die Sioux keinem geringen Feind gegenüberstanden. Andererseits versprach man sich eine Schlacht, die den alten überlieferten Heldentaten neuen Ruhm hinzufügen würde.

Die zwei ritten so schnell sie konnten auf das Lager ihrer Feinde zu. Die Nacht war ihrem Vorhaben äußerst günstig; es war Vollmond, der von Zeit zu Zeit von fliehenden Wolken, die dann tiefe Schatten warfen, verhüllt wurde.

Als sie unbemerkt ziemlich nahe an die Hütten herangekommen waren, legten sie sich eine Weile flach auf die Erde und beobachteten genauestens das Tun und Treiben der Jünglinge, denn Tatokala hatte den kühnen Plan gefaßt, sich ohne zu zögern in das Dorf einzuschleichen und sich unter seine Bewohner zu mischen. Selbst ihre Singjauchzer und ihre Liebesrufe wurden genau wahrgenommen, mußten sie sie doch nötigenfalls nachahmen können.

Obwohl in verschiedenen Teilen des Dorfes Abendunterhaltungen im Gange waren, hielt man doch gute Wache. Die aus Flechtwerk hergestellten, mit Erde überdeckten Wohnungen waren halb unterirdisch. Bei den letzten Hütten waren, zum Schutz vor plötzlichen Überfällen, die Kriegspferde untergebracht.

Gerade als eine große Wolke, die fast das ganze Lager beschattete, über den Mond zog, ertönte in einer der größten Hütten eine große Trommel. Die beiden Späher ahmten die Art der feindlichen Stämme, ihre Decken zu tragen, nach und folgten ruhig dem Klange der Trommel.

Als sie näherkamen, schauten sie sich sorgfältig um, aber niemand beachtete sie, und so kamen sie mit den anderen Jünglingen zu der halbunterirdischen Hütte und spähten durch die Ritzen. Es war drinnen eine große Gesellschaft von Spielern versammelt. Unter den Gästen befanden sich mehrere hervorragende Krieger, deren jeder sich seiner Heldentaten gegen die Sioux rühmte. Beinahe hätte Tatokala sich vergessen und mit seinem Pfeil diesen oder jenen kühnen Sprecher niedergestreckt.

Dann wanderten sie durchs Dorf, prägten sich die Lage gut ein, schätzten die Zahl der Behausungen und suchten nach einer passenden Gelegenheit, unbemerkt zu entkommen. Da entdeckten sie neben einem großen Zelt mehrere Jünglinge, und von plötzlicher Neugier getrieben, schaute Tatokala hinein. Ein leiser Schrei des Staunens entrang sich seinen Lippen, und schnell zog er sich zurück.

»Was ist?« fragte sein Gefährte, erhielt aber keine Antwort.

Es war anscheinend ein Häuptlingszelt. Die Familie saß in ihre Beschäftigungen vertieft, und der helle Schein des Herdfeuers fiel auf ein liebliches Mädchenantlitz.

Tatokala stand scheinbar bewegungslos, doch unter seiner Decke zitterte er wie Espenlaub.

»Komm, Freund, da zieht wieder eine große Wolke über den Mond herauf. Unter ihrem schützenden Schatten müssen wir fort!« drängte Wambli. Der andere stand unentschlossen still, ging aber dann auf das Zelt zu und sah zum zweiten Male hinein. Da saß seine Geliebte wieder in lebendiger Gestalt! Sie trug ein hirschledernes Gewand, das mit glänzenden Wapitizähnen benäht war. Still beugte sie sich über ihre Stickerei, sie, die Talutas vollkommenes Ebenbild war.

Schließlich verschwanden Tatokala und Wambli unbemerkt und eilten zu dem Versteck ihrer Pferde. Tatokala sandte den Gefährten voran und gab vor, daß er auskundschaften wolle, von welcher Seite man das Lager am besten angreifen könne.

Alleingelassen überlegte er, was zu tun sei. Er mußte das Reemädchen vor Tagesanbruch wiedersehen! Das war ein kühnes Unternehmen, aber er dachte an die Unterredung mit Talutas Geist, und dieser übernatürliche Befehl rechtfertigte sein Vorhaben, dem Feinde seines Volkes am Abend vor der Schlacht so zu begegnen.

So umschlich er die feste Umzäunung und suchte eine Stelle, von der aus er das ganze Lager übersehen konnte. Die große Trommel und das Schreien und Lachen der Spielergesellschaft waren verstummt. Das Dorf war in Schlummer versunken. Es war eine klare Mondnacht, und so ging Tatokala ohne zu zögern auf die Behausung des Mädchens zu. Als er näher kam, fingen einige Hunde an zu bellen, er brachte sie aber so zum Schweigen, wie er es bei den Ree beobachtet hatte. Als Tatokala leise die Decke hob, die über dem Eingang der Häuptlingshütte hing, sah er das verglimmende Feuer in der Mitte und die Familie, jeder auf seinem Platz liegend, sichtlich in tiefem Schlaf. Das Mädchen lag dem Eingang gegenüber, wo er sie am Abend hatte sitzen sehen.

Heftig schlug das Herz des Jünglings. Er blickte hastig nach rechts und links, vernahm aber nicht das geringste Geräusch. Dann zog er seine Decke vollständig über den Kopf und trat leise ein.

Das Reemädchen hatte unermüdlich bis in die Nacht gestickt und sich dann zur Ruhe begeben. Im Traum erschien ihr die Zwillingsschwester, die ihr, seit sie denken konnte, erschienen war, besonders in Zeiten, in denen ein wichtiges Ereignis bevorstand.

Diesmal kam sie mit einem stattlichen Jüngling eines anderen Stammes und sagte: »Schwester, ich bringe dir einen Sioux als Gatten!«

Die Träumende öffnete ihre Augen und sah einen Jüngling, der sich über sie beugte und leise an ihrem Kleide zupfte, wie es ein Liebhaber tun darf, der die Geliebte wecken will.

Als er sah, daß sie wach war, berührte er seine Brust und sagte: »Taluta!« Dann machte er sich durch ein Zeichen als Tatokala kenntlich. Das schien dem Reemädchen vertraut, hatte doch ihr einziger Bruder, der im Jahr zuvor gestorben war, denselben Namen getragen. Sie richtete sich sofort auf und fachte die Asche zu heller Glut an. Dann faßte sie seine Decke und zog sie ihm vom Gesicht. Er glich dem Mann, der ihr im Traum erschienen war.

Er faßte ihre Hand, und sie fühlte die Heftigkeit seiner Empfindungen in seiner Berührung, spürte sogleich, was ihn zu ihr geführt hatte. Dann berührte sie ihre Brust, machte das Zeichen des Schildes und sprach dazu in ihrer Sprache das Wort: »Stasu!«, d. h. Schild. Das erschien ihm gleichfalls eine gute Vorbedeutung, und in der Zeichensprache, die alle Prärie-Indianer verstehen[30], bat er sie, seine Frau zu werden.

Ihr Traum stand ihr deutlich vor Augen, und so widerstrebte sie nicht. Ihre Seelen fanden sich, und sie saßen einige Minuten still nebeneinander. Dann erhob er sich und bat sie: »Komm mit!« Schweigend folgte sie ihm aus ihres Vaters Hütte in die Wälder.

Mitten im Aufstieg seines Ruhms, in einem Augenblick, da seinem Ehrgeiz die günstigste Gelegenheit geboten wurde, sich hervorzutun, verschwand der tapfere Tatokala auf geheimnisvollste Weise. Wambli kehrte von dem Kundschaftergang mit den günstigsten Nachrichten zurück. Er berichtete, daß die Männer der drei verbündeten Stämme feierten und spielten, und daß Tatokala mit weiteren Berichten über den günstigsten Angriffspunkt des Lagers folgen würde.

Die Sioux-Krieger warteten ungeduldig bis zum Ende der Nacht auf seine Rückkehr. Als man zum Angriff vorging, war es beinahe schon zu spät. Klar war die Sonne über den Hügeln emporgestiegen, und die meisten Männer befanden sich bereits außerhalb der Hütten.

Heftig entbrannte der Kampf. Wieder und immer wieder wurden die Sioux zurückgeworfen, stets aber sammelten sie sich und erneuerten ihre Angriffe bis zum Sonnenuntergang. Schließlich zogen sie sich mit erheblichen Verlusten zurück. Wäre Tatokala beizeiten zurückgekehrt, hätte man den Angriff vor Tagesanbruch, als alles noch schlief, ausführen können. Nach der Schlacht sammelten die Ree, Mandan und Gros Ventre ihre Toten. Wehklagen und Jammer hallte durch die Nacht. Da erfuhr man im Lager, daß die schöne Tochter des Reehäuptlings verschwunden war. Man nahm an, daß sie, als sie in früher Morgenstunde ihre Ponys zur Tränke führte, gefangen worden sei. In den Schmerz um ihren Verlust mischte sich die Sorge, daß sie bei den Sioux Demütigungen erleiden müsse, und die Jünglinge ergingen sich in den furchtbarsten Drohungen. Wie wollten sie die Sioux hierfür zur Rechenschaft ziehen!

Die Sioux, obwohl teilweise erfolgreich, hatten doch eine große Zahl ihrer tapfersten Krieger verloren, und niemand konnte sagen, was aus Tatokala, dem Liebling des Kriegsgottes, geworden war. Einige verdächtigten ihn, er sei vielleicht vor der Heftigkeit des Kampfes geflohen. Dieser Verdacht verflog jedoch rasch. Schließlich glaubte man, daß er, als er das Dorf zum zweiten Male betreten hatte, erkannt und erschlagen worden sei; daher sei auch der Feind beim Angriff wachsam gewesen.

»He, he, he! Mitschinkschi! Ach, mein Sohn!« jammerte der alte Vater beim Empfang der Nachricht. Sein Kopf sank schwer auf seine Brust nieder, und alle anderen seufzten voller Mitleid.

Der Sonnenuntergang strahlte in den brennendsten Farben. Hellauf loderten die Lagerfeuer zum Ruhm der Helden; doch in vielen Familien herrschte tiefer Schmerz und große Trauer. Als die Abendmahlzeit verzehrt war und die Leute vor ihren Zelten saßen, erschien hoch zu Roß ein fast gänzlich nackter, großer alter Mann. Er hatte sein Gesicht geschwärzt; sein Haar war kurz abgeschnitten, auch das Pferd hatte seine wallende Mähne und seinen schönen Schweif opfern müssen. Es war Tatokalas Vater, der mit heiserer Stimme ein Kriegslied sang und auszog, um die Gebeine seines Sohnes zu suchen.

Zwei Tage strömte unaufhörlich der Regen. Das fliehende Paar hatte, als es anfing zu regnen, ein einsames Bergtal in den Big Horn Mountains, im heutigen Wyoming, erreicht, und Tatokala richtete eilends eine Hütte aus Tannen- und Zederngezweig her. Das Feuer brannte, und Mann und Frau saßen in ihrem ersten, aus lebendem

Grün gebauten Heim. Kein menschliches Auge konnte sie erblicken, und sie konnten nicht einmal in gemeinsamer Sprache von ihrer Liebe reden.

Ein Geist, so glaubten sie, hatte ihre Ehe gestiftet, und sie war ihnen heilig. Ein völlig neues Leben begann; alles, was hinter ihnen lag, war vergessen. Die junge Frau saß in ihrer duftenden Hütte, und ihre Augen leuchteten, wenn sie den Blicken des Gatten begegneten.

»So habe ich es mir gewünscht, Ketschuwa, meine Liebste!« sagte der Sioux in seiner Sprache. Sie antwortete nur mit kindlichem Lächeln. Verstand sie ihn auch nicht, so hörte sie doch aus dem Klang seiner Stimme sein Glück und seine Liebe zu ihr.

Während der Mann mit trockenem Reisig das Feuer in Gang hielt, briet Stasu ihm ein Stück Büffelfleisch.

Sobald ihr Mann sie allein ließ – er mußte die Ponys tränken und sie in einiger Entfernung verstecken –, kam auch Stasu aus ihrer Hütte und begann Holz zu sammeln. Das enge Tal war durch hohe, mit Kiefern bewaldete Bergwände eingeschlossen.

Sie stand schweigend und ehrfurchtsvoll, kaum fähig, sich klarzumachen, daß sie ihr neues Leben so ganz in der menschenleeren Wildnis begonnen hatte; da war kein weibliches Wesen, um ihr Glück zu wünschen oder Rat zu erteilen – nur die Vögel in der Luft kamen zu ihr auf Besuch. Aber ihre ganze Welt war ja ihr Mann, Tatokala. Keine andere Frau konnte mit ihm schöntun; er konnte mit niemand reden, und die große Trommel des Ratszeltes konnte ihn nicht zum Krieg rufen. Sie war sehr zufrieden.

Als das junge Weib alles aufs beste für ihres Mannes

Heimkehr vorbereitet hatte – sie hatte auch einige Behältnisse und Wassergefäße aus Birkenrinde angefertigt –, hatte der Regen beinahe aufgehört. Sie breitete draußen ihre Decke aus und ließ sich mit ihrem Arbeitsbeutel nieder, in dem sie einige fast fertig gestickte Mokassinstulpen hatte.

Während sie über ihrer Arbeit saß – sie stand nur von Zeit zu Zeit auf und drehte den Spieß mit dem Fleisch über dem Feuer –, hatte sie Besuch von allerlei kleinen Tieren des Waldes. Plötzlich schreckte sie ein männlicher Fußtritt auf. Sie war noch nicht lange genug verheiratet, um ihres Mannes Schritt genau zu kennen, und so fühlte sie halb Angst, halb Freude. Er konnte es sein, vielleicht war es aber auch ein Fremder. Zögernd schaute sie auf und begegnete den Blicken eines mächtigen Grizzlybären, der sich in einiger Entfernung von ihr niedergelassen hatte.

Stasu war überrascht, aber nicht ängstlich. Furchtlosigkeit ist der beste Schutz gegen wilde Tiere. Schnell sprang sie auf und warf dem Tier ein großes Stück Fleisch zu.

»Nimm von meinem Hochzeitsmahl, o großer Bär! Sei mir gut und segne meine erste Hütte!« bat sie. »Sei gut und erkenne meine tapfere Tat an, daß ich einem Siouxkrieger, einem der Erzfeinde meines Volkes, als Frau gefolgt bin. Ich habe einen Mann, der meine Sprache nicht sprechen und verstehen kann, und will unter euch nachbarlich wohnen. Ich biete dir meine Freundschaft an!«

Der Bär brummte leise als Antwort auf ihr Gebet, fraß sein Fleisch und trottete schwerfällig von dannen.

Indessen hatte Tatokala sich die Gegend angesehen,

Ausschau nach Wild gehalten und die besten Zugänge zu seinem verborgenen Heim ausfindig gemacht. Er war sich im klaren darüber, daß er niemals weder zu seinem noch zum Stamm seiner Frau zurückkehren könne. Seine Mitkämpfer würden ihm seine Flucht nie verzeihen, und man konnte von den Ree nicht erwarten, daß sie einen der größten ihrer alten Feinde willkommenheißen würden. Es blieb nichts anderes übrig, als fernzubleiben und die Leute von ihm sagen und denken zu lassen, was sie wollten.

Heimkehrend fand er Stasu vor der Hütte sitzend. Sie war in ihre Stickerei vertieft. Wie glücklich und vollauf befriedigt war sie – fern von ihrem Stamm – zusammen mit dem Geliebten für immer in der Einsamkeit zu leben!

Ehe der Winter einsetzte, hatte Tatokala seine Frau reichlich mit Büffelfellen versorgt. Sie war wohlbewandert in allen Künsten der indianischen Frau.

In kurzer Zeit erhob sich neben der grünen Hütte ein stattliches weißes Zelt aus Büffelleder, gegerbt, zugeschnitten, genäht und aufgerichtet von Stasus fleißigen Händen. Unten am rauschenden Bach war ihr Platz zum Gerben, und nahe am Zelt, an einem luftigen, sonnigen Platz, bereitete sie ihre gedörrten Fleischvorräte für den Winter vor. Ihre Küche war ein im Schatten gelegener Feuerplatz und ihr Wohngemach der immergrüne Wald. Zwei Seiten ihres Lagerplatzes umschlossen hohe Felsen, und an den anderen rauschten die Wasser des glänzenden Stroms. Ein heimlicher Platz, der einer Festung glich; ein stiller Winkel, doch nicht eintönig.

Der Winter war lang und kalt, das junge Paar aber war glücklich. Stasu lernte die Sprache ihres Gatten und lehrte ihn die ihrige. Tatokala jagte und wachte über die Sicherheit seines Heims, und Stasu hielt gute Freundschaft mit den Tieren des Waldes und fütterte sie. Auch Tatokala vergaß bei seinen Jagdzügen nicht die Raben, Adler und Wölfe und überließ ihnen manchen Bissen Fleisch, so daß sie sein Kommen stets beobachteten. Ihr Treiben verriet ihm mehr als einmal dies oder jenes Lagerfeuer in der Nähe; es waren aber nur kleinere Kriegertrupps, die vorüberzogen.

Wieder kam der Sommer. Überall erwachte frisches, junges Leben, und in dem Zelt des jungen Paares lag eines Morgens, in weiches Wildleder gehüllt, ein Knäblein. Als Tatokala an dem Morgen zur Jagd auszog, beschaute er ernst sein Spiegelbild in dem Strom. Hatte er sich seit gestern verändert? – Er meinte, er müsse ernster aussehen, nun, da er Vater eines neuen Mannes war.

Seine Gedanken wanderten in die Heimat. Was würde wohl seine alte Großmutter zu seinem Kindlein sagen! Und er schaute hinüber zu den Black Hills, dem Siouxland, und bekannte in seinem Herzen: »Ich bin ein Feigling.«

Der Knabe wuchs heran und fühlte nie den Mangel an Spielgefährten, denn seine Mutter war im Ausdenken von Spielen für ihn höchst erfindungsreich und gewann ihm auch das Vertrauen der Tiere. Er war der junge Häuptling und Held des Tales »Pfadlos«, wie es die Sioux nannten. Obwohl er klein war, strich er doch viel allein in der weiteren Umgebung herum. Seine Eltern waren oft in Angst um ihn; andererseits hegten sie die Hoffnung, daß er einmal »wakan«, das heißt ein geheimnisvolles, übernatürliches Wesen sein würde, denn er erhielt von seinen Spielgefährten und den stummen Naturkräften Macht und Stärke.

Eines Tages – er war vielleicht fünf Jahre alt – veranstaltete er in der Nähe des Zeltes einen Tanz für seine Lieblinge. Er hatte Mato, den Bären, mit einem Gewand seines Vaters als großen Medizinmann angekleidet. Waho, der Wolf, war als Krieger bemalt, und das junge Büffelkalb war mit einem Kleid seiner Mutter ausstaffiert. Der Knabe selbst war der Anführer.

Die Mutter beobachtete ihn dabei mit Stolz und Sorge. Tränen liefen über ihre dunklen Wangen, zugleich mußte sie aber über den sonderbaren Aufputz von Herzen lachen.

»Ach, er sollte nicht so leben«, sprach sie zu sich. »Er müßte die Heldentaten meines Volkes kennenlernen. Wie stolz würde sein Großvater auf ihn sein!«

Während der Knabe am Abend schlief und Mato draußen horchte und schnüffelte, saßen die Eltern bedrückt im Zelt. Endlich sprach Stasu:

»Mein Gatte, du willst wissen, warum ich traurig bin. Ich fürchte, wir beleidigen das Große Geheimnis, wenn wir unseren Knaben so allein in der Wildnis aufwachsen lassen. Es ist unrecht, ihn unter wilden Tieren aufzuziehen, und wenn Krankheit oder irgendein Zufall ihm Vater oder Mutter rauben sollte, würden unsere Geister niemals Ruhe finden, wenn wir ihn so allein gelassen hätten. Ich möchte dich bitten: laß uns heimkehren zu deinem oder meinem Volk. Wir müssen unseren Stolz, ja, wenn nötig, unser Leben opfern um seines Lebens und seines Glückes willen.«

Tatokala war von Stasus Rede überrascht. Nach einer

Weile erwiderte er: »Du hast kluge Worte gesprochen, und es soll geschehen, wie du gesagt hast. Wir wollen zu deinem Stamm zurückkehren. Wenn ich von den alten Feinden der Sioux den Tod erleiden soll, sterbe ich aus Liebe zu dir und dem Kind. Ich kann zu meinem Volk nicht zurück; es könnte leicht geschehen, daß ich wegen meiner Liebe zu einem Reemädchen von jungen, unwürdigen Leuten verspottet werde.«

Tatokala hatte recht mit diesen Worten. Die strengen Sitten seines Volkes werden beinahe wie die Religion geachtet, und eines vor allem kann ein Sioux nicht ertragen – von seinen Mitkriegern verlacht zu werden. Er kann eher eine harte Strafe oder gar den Tod ertragen als den Spott eines Sioux.

In wenigen Tagen war der Haushalt zusammengeräumt, und die drei wandten traurig ihrem Heim den Rücken. Stasu und ihr Gatte waren sehr schweigsam auf ihrem langsamen Ritt. Als sie den Hügel »Tagesanbruch« erreichten und Stasu von seinem Gipfel herab auf ihre Heimat sah, vergoß sie Freudentränen. Tatokala saß gesenkten Hauptes neben ihr und rauchte.

Endlich, am fünften Tage, sahen sie das große Lager der drei vereinigten Stämme vor sich liegen. Sie schauten auf die alten Erdhütten, die sich in den Niederungen des Missouri zwischen den wogenden Maisfeldern dicht zusammendrängten. Tatokala hielt an: »Frau, gib mir etwas zu essen«, sagte er lächelnd. Bei den Sioux hieß das soviel wie: »Gib mir meine letzte Mahlzeit.«

Nachdem sie gegessen hatten, öffnete Stasu ihren Ledersack und gab ihrem Mann sein bestes Gewand. Er kleidete sich sorgfältig nach der Art eines Sioux und steckte alle Federn an, die zu tragen er berechtigt war. Auch der Knabe wurde schön geputzt, und Stasu, die Frau, hatte als Mädchen nie lieblicher ausgesehen in ihrem mit Wapitizähnen benähten Festkleid, demselben, das sie am Abend ihrer Flucht getragen hatte.

Die drei ritten ohne Scheu den langen Abhang hinab und wurden sofort von den Dorfbewohnern gesehen. Bald war die Ebene schwarz von anrückenden Reitern. Stasu hatte ihren Mann dringend gebeten zurückzubleiben. Sie selbst wollte mit dem Kinde vorausreiten und um Vergebung bitten. Tatokala aber wollte dies nicht zulassen und ritt selbst voran. Als die ersten Reekrieger in Pfeilschußnähe kamen, fingen sie an zu schießen. Tatokala kümmerte sich nicht weiter darum.

Aber das Kind schrie vor Schrecken, und Stasu rief: »Schießt nicht, ich bin die Tochter eures Häuptlings.«

Einer von ihnen antwortete: »Die haben die Sioux getötet!« Als aber die Führer sie erkannten, erschraken sie.

Zuerst herrschte große Verwirrung. Einige waren der Ansicht, daß alle drei sterben müßten, denn die Frau hätte sich des Verrats an ihrem Volk schuldig gemacht, und man könne nicht wissen, was sie jetzt im Schilde führe. Wer wäre sicher, daß nicht hinter jenem Hügel Siouxkrieger verborgen seien? –

»Nein, nein«, erwiderten andere, »sie sind in unserer Macht, laßt sie ihre Geschichte erzählen.«

Stasu erzählte und sagte zum Schluß: »Dieser Mann, einer der tapfersten und ehrenhaftesten seines Stammes, entwich am Abend des Überfalls, und das allein darum, weil er ein Reemädchen liebte. Er kommt jetzt zu euch, um euer Schwager zu werden und wird in Zukunft mit euch kämpfen, selbst gegen seine eigenen Landsleute. Er bittet nicht um Gnade – er kann alles ertragen –, ich aber bin eine Frau; mein Herz ist schwach, ich bitte euch um das Leben meines Mannes und meines Sohnes, der der Enkel eures Häuptlings ist.«

»Ein Feigling der, der diesen Mann anrührt«, rief der Anführer, und ein tosendes Kriegsgeschrei zollte diesen Worten Beifall.

Die Krieger stellten sich in zwei langen Reihen auf und ritten zu je zwanzig vor und hinter den Ankömmlingen. Der alte Häuptling kam ihnen entgegen und führte seinen Schwiegersohn an der Hand. So zogen sie in Schlachtordnung in das Dorf ein. Die Herzen aber waren voller Freude. Weithin tönten die Friedenslieder, und die Pfeile flogen hinauf zu den Wolken, um das wunderbare Ereignis nach Gebühr zu feiern.

Die Tollheit Anokasans[31], *des Weißköpfigen Adlers*

»Vor langen Jahren, als ich noch ein Kind war«, erzählte Nagiskon, der Weiße Geist, der ehrwürdige alte Häuptling der Yanktonai-Sioux, »entbrannte zwischen unserem Volk und den Ree und Mandan ein heftiger Kampf. Die Ursache des Streits war merkwürdig. Ich will davon erzählen.« Er legte seine lange Pfeife fort und begann seine Geschichte.

»Zu jener Zeit zählten die Yanktonai etwa vierzig Familien. Wir wurden von den anderen Stämmen, weil wir so viele Hunde hielten, zum Spott ›Schunkiktscheka‹, Haushunde, genannt. Mein Vater war der oberste Häuptling.

Unser liebstes Winterlager war ein waldiger Landstrich, nahe der Mündung des Big Sioux River in den Missouri, wo wir mit den Schwarzfuß-Sioux zur Herbstjagd zusammentrafen. Dem Lager gegenüber, auf dem anderen Flußufer, lag das Dorf der Ree und Mandan, die in Hütten wohnten, die in die Erde vertieft und mit Erde und Gras bedeckt waren. Seit mindestens hundert Jahren hatten sie große Gärten angepflanzt, und wir erhielten oft Mais, Bohnen und Kürbisse von ihnen. Unser Volk schloß von Zeit zu Zeit Friedensverträge mit ihnen. Jède Reefamilie besaß ein oder zwei Büffelhautboote, nicht rund wie die der Sioux, sondern zwei oder drei Häute lang. In diesen Booten brachten sie uns in Mengen getrocknete Bohnen und andere Gemüse herüber, die sie gegen gedörrtes Büffelfleisch eintauschten.

Fiel die Ernte reich aus, so waren gemeinsame Feste an der Tagesordnung. Während die Alten ihren Tauschhandel trieben, machten die jungen Sioux- und Reekrieger der weiblichen Jugend beider Stämme den Hof.

Meines Vaters jüngerer Bruder, Itschapsinte Tanka, die Große Peitsche, hatte einen Freund, einen jungen Mann, der seit dem Ereignis, von dem ich jetzt erzählen will, nur noch Anokasan genannt wurde. Sie waren beide kühne und ehrgeizige Jünglinge.

Eines Abends bei Sonnenuntergang standen Itschapsinte und sein Freund am Ufer, der eine mit einem Köcher voll Pfeile, der andere mit einem Gewehr unter seiner Decke. Fast alle Bewohner der jenseitigen Dörfer waren heimgekehrt, und der Häuptling Anokasan und seine Frau bestiegen als letzte ihr Boot, als es schon Nacht wurde. Die beiden Sioux sahen ihnen zu.

Plötzlich rief Itschapsinte: ›Freund, wir wollen den Häuptling töten. Ich wag's, ihn zu erschießen und zu skalpieren.‹ Sein Freund erwiderte: ›Ich helfe dir; ich bin bereit, mit dir zu sterben!‹

Ohne zu zögern zog Anokasan sein Gewehr hervor und erschoß den Häuptling. Von diesem Tage an trug er dessen Namen. Der alte Mann fiel rücklings in das Boot, und heulend und schreiend ruderte ihn seine Frau ans jenseitige Ufer. Der andere Jüngling schoß einen oder zwei Pfeile auf die Alte ab, aber sie blieb unversehrt und brachte sich in Sicherheit.

Sobald die Leute erfuhren, was geschehen war, herrschte große Aufregung auf beiden Seiten des Stromes. Es gab zwei Siouxlager, das der Schwarzfuß-Indianer und unseres, das Yanktonailager. Natürlich waren die Ree und Mandan stärker als wir. Sie zählten je zwei- oder dreitausend Seelen in ihren Dörfern, mehr als wir mit den Schwarzfuß-Sioux zusammen.

Ein Sioux namens Wahatschanka, das bedeutet: Schwarzer Schild, hatte ein Reemädchen zur Frau. Er kam dicht an den Rand der Uferböschung und rief über den Missouri herüber: ›Von welchem Siouxstamm ist der Mann, der Anokasan getötet hat?‹

Einer der Schwarzfuß-Indianer erwiderte: ›Es ist ein Yanktonai!‹

Darauf sagte er: ›Die Ree wollen mit ihnen kämpfen, ihr solltet euch von ihnen zurückziehen.‹

Und wenig später zogen sich die Blackfoot etwa eine Meile von uns auf die Felsenufer zurück und schlugen dort ihre Zelte auf. Die beiden Sioux-Stämme waren in der Kriegskunst stets große Rivalen gewesen, daher baten wir sie nicht um Hilfe. Wir hoben in der Nacht im Lager Gräben aus, den inneren Graben zum Schutz für Frauen und Kinder, den äußeren zur Verteidigung.

Am anderen Morgen bei Tagesanbruch landeten die Angreifer und näherten sich in großer Zahl unserem Lager. Es kamen auch einige alte Männer und Frauen mit, die sich zum Zuschauen und um die Verwundeten fortzuschaffen auf den Felsen niederließen. Auch die Blackfoot beobachteten die Schlacht von den Felsen aus.

Die Sioux waren gut verschanzt, mit Gewehren und Pfeilen wohlbewaffnet, und ihre Schüsse trafen stets tödlich, so daß die Ree nur kriechend vorwärtskommen konnten; zeigte sich aber einmal ein Siouxkopf über der Verschanzung, so traf auch ihn sicher ein tödlicher Schuß.

Von den beiden, die all dieses Unheil angerichtet hatten, hatte man bis dahin nichts gesehen. Aus Furcht vor ihren Stammesgenossen hielten sie sich in einer Grube nahe am Fluß versteckt, die durch Büffelbeerengesträuch verborgen war. Als der Kampf begonnen hatte, sagte Itschapsinte:

›Freund, wir tragen Schuld daran, daß viele tapfere Männer heute ihr Leben lassen müssen. Wir wollen mit unserer Tat unsere Tapferkeit beweisen; auf, stellen wir uns zum Kampf!‹

Schnell legten sie ihre Decken ab, ergriffen ihre Waffen und rannten zum Lager. Sie mußten durch die Linien der Feinde; doch sie wurden erst erkannt, als sie bereits vorüber waren. So waren sie eine Zeitlang zwei Feuern ausgesetzt. Als sie dicht vor der Verschanzung angelangt waren, wandten sie sich um und feuerten auf die Ree. Dabei sprangen sie nach indianischer Sitte unausgesetzt hin und her, um nicht verwundet zu werden. Es hagelte Kugeln und Pfeile um sie her, aber endlich verschwanden sie unverletzt in der Siouxverschanzung. So stellten die beiden Männer ihren Ruf wieder her, und ihr Volk machte ihnen niemals öffentlich Vorwürfe für das, was sie getan hatten.

Der Kampf forderte viele Opfer, aber die Ree hatten schwerere Verluste als wir erlitten. Am Nachmittag setzte ein kalter Regen ein. Es war Herbst. Die Bogensehnen wurden naß, und die Gewehre waren nur Steinschloßgewehre, die unbrauchbar waren, sobald sie naß wurden.

Die Ree waren mutlos geworden. Die Frauen trugen ununterbrochen Verwundete fort, und die Blackfoot beobachteten alles von den Felsen aus. Endlich ließ der

Feind ab und floh. Die Sioux folgten wie hungrige Wölfe und erschlugen die Müden und Langsamen mit ihren Keulen. Am Ufer wurden noch viele niedergemacht. Einige Boote wurden mit Kugeln durchlöchert und zum Sinken gebracht. Das war die größte Schlacht, die unser Stamm je geliefert hat!« schloß der Alte mit einem Seufzer der Befriedigung und des Mitleids.

Der singende Geist

»Ho, Pferdchen, vorwärts! Hinauf den Berg! Es gilt meinen Ruf, daß ich daheim Gutes melde!«

Wambli, der Adler, plauderte mit seinem Pony wie mit einem Menschen; er spornte es an und forderte von ihm den gleichen Ehrgeiz und das gleiche Pflichtgefühl, die ihn selbst beseelten. Seine Hoffnung freilich, in dieser Gegend und um diese Jahreszeit irgendwelche Büffel zu Gesicht zu bekommen, war leider nur allzu gering.

Die Yankton-Sioux waren bei der Wahl ihrer Winterlager gewöhnlich die Weitsichtigsten unter ihren Stammesgenossen, aber in diesem Jahr hatte sie der späte Herbst etwas zu weit östlich in den Missouritalgründen, ihren Lieblingslagerplätzen, festgehalten. Am oberen Jimfluß, von den Sioux »der Fluß der Grauen Wälder« genannt, gab es in dieser Jahreszeit leider gar kein größeres Wild. Ihr Vorrat an getrocknetem Büffelfleisch reichte nicht so lange, wie sie gehofft hatten, und im März wurde es dringend nötig, Kundschafter auf die Suche nach Büffeln auszusenden.

Die Alten im Ratszelt berieten lange. Man beschloß, zehn der unerschrockensten Männer auszuschicken. Sie sollten das Land drei Tagereisen im Umkreis um das Lager auskundschaften.

»Wambli, uyeyo – o – o, wu, wu! Komm her!« So wurden die Zehn in früher Abendstunde zum Ratszelt gerufen, um ihren Auftrag in Empfang zu nehmen. Wambli war der erste, der gerufen wurde, und der erste, der in

den Ring der Zelte eintrat. Er war ein Mann von etwa 30 Jahren, ein Vorbild seines Stammes. Seine kräftige Gestalt war in eine prächtige Büffeldecke gehüllt; die Fellseite trug er nach innen. In seiner Skalplocke steckte eine stattliche Adlerfeder. Sein Gesicht war unbemalt.

Als er eintrat, wurde er von den Anwesenden im Zelte achtungsvoll begrüßt, und man bot ihm den Ehrenplatz an. Nachdem sich alle niedergelassen hatten, wurde die große Trommel gerührt, und vier Männer mit guten Stimmen sangen ein Lied. Das war der Auftakt einer besonderen Feierlichkeit. Ein alter Mann mit rotbemaltem Gesicht ergriff eine große rote Pfeife, die man vorher gefüllt und sorgfältig auf den Feuerplatz gelegt hatte. Er hielt sie gegen die Erde und sprach: »Große Mutter, nimm hiervon!« Dann hob er sie zum Himmel auf mit den Worten: »Großer Vater, rauche!« Schließlich zündete er sie an, tat vier Züge in die vier Windrichtungen und bot die Pfeife dann Wambli. Das war die Eidesleistung, die der oberste Häuptling des Rats selbst vollzog. Die anderen neun Boten wurden in ähnlicher Weise beauftragt.

Die Zehn waren in dieser feierlichen Weise zu keiner leichten Aufgabe verpflichtet. Zum mindesten mußten sie auf der Suche nach den scheuen Büffeln mehrere Tage und Nächte lang die ganze Gegend absuchen. Wie leicht konnten sie dabei von Schneestürmen überrascht werden und dadurch in große Lebensgefahr geraten!

Wambli kehrte in unbehaglicher Stimmung in sein Zelt zurück. Sein altes Streitroß, das ihn so oft zum Sieg getragen hatte, war nicht mehr so kräftig wie in seiner Jugend. Als er heimkam, wieherte es ihm entgegen.

»Ah, Wakan, Geheimnisvoller! Wir sollen wieder einmal eine Tat vollbringen. Bei Tagesanbruch reiten wir.« Während er sprach, riß er für das Tier einige Streifen Pappelrinde ab, die den Indianerponys einst so gut wie Hafer schmeckte.

Wambli hatte ein Paar Mokassins und seinen kleinen Vorrat getrocknetes Büffelfleisch zusammengepackt und am Sattel befestigt. Am anderen Morgen schlug er mit den Gefährten zunächst einen Weg nach Norden ein, den Fluß der Grauen Wälder entlang; dann ritten fünf in östliche Richtung, die anderen fünf wandten sich nach Westen.

Jeden Morgen hatte sich die Gruppe getrennt, um möglichst viel Land zu durchstreifen. Abends trafen sie sich wieder. Nun war der dritte Tag zur Neige gegangen; ihre Nahrung war beinahe zu Ende, die Pferde waren erschöpft, und ein Sturm kündigte sich an. Dennoch stachelte sie ihr Stolz und der Hunger, den ihre Leute litten, an, auszuhalten, waren sie doch als die Mutigsten ihres Stammes auserwählt und mußten sich dessen würdig erweisen. Die sinkende Sonne warf ihr purpurnes Licht über die schneebedeckten Ebenen. Die Suche schien hoffnungslos, aber Wambli war nicht der Mann, seine Sache aufzugeben. »Ein Ausblick von jenem Hügel könnte unser Mißgeschick in Erfolg wandeln«, dachte er und grub seine Fersen in die Flanken seines treuen Gauls. Gleichzeitig stimmte er, um seinen Mut aufzufrischen, ein Stark-Herz-Lied an. Auf der Höhe angekommen, meinte er, in einem schwarzen Streifen am Horizont eine Büffelherde zu erkennen; als er aber genauer hinsah, erkannte er, daß es nur ein Waldstreifen war. Sein Pferd war nicht mehr imstande, den Reiter zu tragen; er mußte absitzen und ging hinter ihm her, dem Fluß zu, wo er im Dunkeln seine Gefährten traf. Er führte sie die Schlucht hinab an eine gut geschützte Stelle. Der Fluß machte hier gerade eine scharfe Biegung, so daß er einen Halbkreis bildete, der von einem hohen Felsen geschützt wurde.

Die Männer waren alle wegen ihres Mißerfolgs sehr niedergeschlagen; nur Wamblis lebhafter Geist bewahrte sie vor völliger Entmutigung. Ihre bescheidene Mahlzeit war bald verzehrt, und jeder hatte so viel dürres Gras und Reisig für ein Lager herbeigeschleppt, wie er nur konnte. Sie hatten sich aus Strauchwerk und trockenem Gras ein Wigwam errichtet und in dessen Mitte ein gutes Feuer angezündet, um das sie sich, jeder auf seiner Decke ausgestreckt, lagerten.

Wambli füllte die rote Pfeife, tat ein oder zwei hastige Züge und hielt sie aufwärts zum Mond, der hinter den Wolken kaum sichtbar war.

»Große Mutter, nimm teil an diesem Opfer! Oh, könnte ich morgen Fleisch essen!« rief er feierlich aus. Dann gab er die Pfeife an seinen Nachbarn weiter. Eine Weile rauchten alle schweigend, dann hörte man in der Ferne ein Geheul.

»Ah, Schunkmanito, der Wolf! Es ist heute abend etwas Ermutigendes in seiner Stimme«, bemerkte Wambli. »Ja, er sagt uns, wir sollen Mut haben, ist er doch unser bester Freund in der Not. Hat er doch so manchen im Schneesturm sicher heimgeführt oder ihm Wildspuren gezeigt, die er lange, aber vergeblich gesucht hatte. Freunde, laßt uns morgen früh noch nicht umkehren, sondern noch einen Tag nordwärts suchen.«

Keiner antwortete. Es herrschte tiefes Schweigen, und die Pfeife wanderte von Hand zu Hand.

»Was ist das?« fragte plötzlich einer, und alle lauschten dem feinen Ton. Sie waren mit allen Geräuschen und Stimmen des Waldes vertraut, aber diese Laute waren ihnen gänzlich fremd.

»Es klingt wie Moskitosummen! Man könnte beim Horchen vergessen, daß nicht Sommer ist«, sagte einer.

»Ich höre auch die Trommel des Medizinmannes heraus«, fügte ein anderer hinzu.

»Eine Geschichte erzählt von Jägern, die gerade so wie wir vor vielen Jahren den Fluß als Kundschafter hinaufwanderten«, bemerkte Wambli. »Sie kehrten niemals zurück. Später, im Sommer, fand man ihre Gebeine in der Nähe des Wohnorts eines sonderbaren Geschöpfes; es soll ein kleiner, völlig behaarter Mann gewesen sein. Die Isanti-Sioux nennen ihn Tschanotidan[32]. Unsere Alten gaben ihm den Namen Oglugitschana. Dieser eigentümliche Waldgeist soll nicht größer sein als ein neugeborenes Kind. Er spricht eine unbekannte Sprache.

Sein Heim ist gewöhnlich ein hohler Baum, in dessen Umgebung alle anderen Bäume durch den Blitz gefällt sind. Er wohnt in der Tiefe der Wälder stets auf einer Lichtung. Als Waffen benutzt er verschiedene Arten von Vogelfedern. Man findet sie in großer Anzahl in den verlassenen Höhlen des kleinen Waldgeistes.

Die Alten sagen, Oglugitschana habe eine Zaubermusik, durch die er einsame Reisende manchmal behext. Er führt sie hin und her, bis sie ihre Sinne verloren haben. Dann spricht er sie an. Er kann große Kriegspropheten oder Medizinmänner aus ihnen machen, aber seine Befehle sind sehr schwer auszuführen. Erblickt ihn jemand und gelingt es ihm, dem Geist zu entwischen, noch bevor er ihn bezaubert, so muß er beim ersten Anblick des Lagerfeuers sterben oder sein nächster Anverwandter stirbt, sobald er dessen Zelt betritt.«

Der Krieger erzählte all dieses mit einer Miene, als seien es wohlverbürgte Tatsachen, und seine Mitteilungen machten auf die Zuhörer einen tiefen Eindruck. Das Übernatürliche war für sie ein Teil ihres wirklichen Lebens.

»Das Ding scheint nicht einmal zum Atemholen eine Pause zu machen«, bemerkte einer aus der Gruppe fröstelnd.

»Die Töne kommen von dem großen Wall unter dem hohen Felsen, nördlich von uns«, berichtete ein Krieger, der sich zur Beobachtung hinausbegeben hatte.

»Wambli, du bist unser Führer, sage uns, was wir tun sollen! Wir sind bereit, dir zu folgen. Ich glaube, es ist das beste, diesen Platz augenblicklich zu verlassen.« – »Vielleicht ist es der Geist eines toten Feindes«, fügte ein anderer hinzu. Indessen wurde die rote Pfeife von neuem gefüllt und herumgereicht, um die aufgeregten Gemüter zu beruhigen.

»Bemalt euch mit den Kriegsfarben! Haltet Messer und Pfeile bereit!« befahl Wambli.

Sie taten, wie er gesagt und schlichen dann schweigend durch den dichten Wald, dem geheimnisvollen Ton entgegen. Klarer und klarer klang es durch die kalte Luft; für die Ohren der Sioux-Männer blieb es jedoch ein fremdartiger Ton. Bald glaubten sie, einen fernen Wasserfall rauschen zu hören, bald klang es wieder wie das leise Summen der Sommerinsekten oder das dumpfe Brummen einer Hummel. Bum, bum, bum! klang immer wieder die Begleitung, wie der Ton einer großen Trommel.

Näher und näher kamen sie an den Felsen, immer weiter drangen sie im Walde vor. Endlich erkannten sie in der dunklen Nacht ein düsteres Etwas. Sie hielten es für einen großen, bewegungslos im Wald stehenden Büffel, von dessen Kehle, wie es schien, der Ton der Medizintrommel und der Gesang des trügerischen Geistes ausging.

Da – plötzlich drang ein Lichtstrahl durch den nächtlichen Wald. Als sie sich weiter heranwagten, sahen sie mitten in dem dunklen Gegenstand einen schwachen Lichtschein. Da Wambli seinen Gefährten ein kleines Stück vorausging, entdeckte er als erster eine aus aufeinandergelegten Holzklötzen errichtete Mauer. In halber Höhe schien eine Büffelhaut darüber gebreitet. Durch diese drang ein schwacher Lichtschimmer. In Gedanken sah er Oglugitschana vor sich. Er wollte diesen wunderwirkenden Alten überraschen, womöglich überwältigen.

Sie nahmen ihre Messer zur Hand und griffen die Holzhütte an. »Wa, wa, wa, wu, wu!« schrien sie. Zip, zip zerrissen die ledernen Vorhänge vor der Tür und den Fenstern, und alle stürmten hinein.

Da saß auf einem roh gezimmerten Stuhl ein Mann. Er trug einen Wolfsfellanzug und auf dem Kopf eine Fuchsfellkappe. Der größere Teil seines Gesichts schien mit natürlichem Pelz bedeckt. Unter dem Kinn hielt er eine roh gearbeitete Zedernholzfidel. Er stützte sie mit der linken Hand und sägte mit der rechten mit einem Bogen, der einer indianischen Kinderwaffe glich, heftig darauf herum. Gleichzeitig stampfte er mit dem linken Fuß von Zeit zu Zeit den Takt auf dem Fußboden. Als der schrille Kriegsruf ertönte und Fenster und Tür zerfetzt wurden, hörte er nicht einen Moment lang mit Spielen auf, sondern schloß nur instinktiv die Augen, um seinem schrecklichen Ende nicht mit offenen Augen zusehen zu müssen.

Im Monat der fallenden Blätter jagte vor langer Zeit einmal ein bunter Haufe auf der hügeligen Prärie südlich vom Heiligen See eine Büffelherde. Es waren dies die ersten Bois Brulé, die kanadischen Mischlinge[33], die sich dann im Laufe der Zeit so vermehrten, daß sie beinahe ein neues Volk für sich bildeten. Diese halbwilden Amerikaner wurden der Hudsonbay-Gesellschaft[34] bald unentbehrlich, waren sie doch die hervorragendsten Büffeljäger und lebten in noch stärkerem Maße als die Ureinwohner des Landes ganz von diesem merkwürdigen Tier[35].

Eine eigenartige Rasse war dieses Volk, im Aussehen wie in seinen Gewohnheiten. Die ihm angehörten, ließen ihr zottiges schwarzes Haar bis zu den breiten Schultern herabwachsen und schnitten es dann gerade ab, so daß ihre Köpfe wie strohgedeckte Häuser aussahen. Ihre dunklen Gesichter waren meist mit starkem Bartwuchs bedeckt, die Zähne schimmerten weiß und groß, und die Augen waren leuchtend schwarz; gelegentlich konnte einer von ihnen auch braune oder kalte, graue Augen haben. Sie trugen reichbefranste Lederhemden, Lederhosen mit kurzen Gamaschen, bunte Schärpen und

Fuchsfellkappen. Als Waffen führten sie Steinschloßgewehre, Beile und große Messer. Ihre Ponys waren klein, doch zäh und ausdauernd wie sie selbst.

Die Männer sammelten sich in der Nähe einer sehr großen Büffelherde und prüften die Gurte ihrer prachtvoll gestickten, kissenartigen Sättel[36]. Unter ihnen waren hervorragende Reiter und Jäger. Einem aber, mit Namen Antoine Michaud, konnten es nur wenige an Gewandtheit gleichtun, mitten in eine Bisonherde hinein- und quer durch sie hindurchzureiten. Darin war er praktisch unübertroffen! Beim Beginn der Jagd stieß er meist, wie um sich Erfolg zu sichern, indianische Kriegsrufe aus.

So auch diesmal. Als er die Herde beinahe erreicht hatte, wirbelte er sein Gewehr über den Kopf und stürzte sich in die dunkle, wogende Masse. Wie dumpf grollender Donner klang das Stampfen der Zehntausenden von flüchtenden Büffeln. Antoine verschwand unter ihnen.

Sein wildes Roß raste mitten in die Herde. Glücklicherweise hielten sich die Tiere von ihm fern, aber o weh – die Öffnung, durch die er hereingeprescht war, schloß sich unmittelbar hinter ihm wieder.

Um einen Ausweg zu schaffen, schrie er gellend. Umsonst! Er hatte um die Stirn ein rotes Tuch geschlungen, um die Haare zusammenzuhalten. Das nahm er ab und schwang es hin und her, um die Büffel zu zerstreuen. Doch es nützte nichts.

So ritt er, sein Pferd schonend, langsam mit. Die mächtige Herde wälzte sich unausgesetzt gen Süden. Plötzlich bemerkte er ein heftiges Drängen unter den Büffeln hinter sich. Die Tiere witterten offenbar eine Quelle, die mitten in der Ebene einen großen Sumpf bildete.

Dieses einsame Gewässer bot den Bisons eine Tränke. Alles stieß und drängte darauf zu. So vielen standzuhalten, war für Anton unmöglich.

Er war in größter Gefahr, mit seinem Pony in den Sumpf gedrängt und zertreten zu werden, aber durch Zufall gerieten sie auf festen Grund. Das Pferd trank gierig, und Anton, der seit dem frühen Morgen nichts genossen hatte, schöpfte mit hohler Hand von dem bitteren Wasser, rupfte sich dazu einige Binsen aus, deren zarte Knospen er verzehrte, während sein Pony graste.

Es war inzwischen völlig dunkel. Mit bedrohlichen Blicken wurde der Jäger von den Büffeln in seiner Nähe beobachtet. Am westlichen Horizont leuchteten einige Blitze auf. Die Bullen brüllten; das deutete auf Sturm. Ein Gewitter zog herauf. Die mächtige Herde wurde unruhig und raste, Schutz suchend, blindlings los. – Alles lag in tiefster Finsternis. Anton, völlig erschöpft, saß noch fest im Sattel. Ihm und seinem mutigen Tier drohte nun der Tod. Jeder Blitzstrahl zeigte ihnen Haufen verendender Büffel, die von den Hufen ihrer Genossen niedergetrampelt worden waren.

Von Zeit zu Zeit bekreuzigte er sich und betete zur heiligen Jungfrau, dann ermunterte er wieder sein Pferd: »Sei tapfer, sei stark, mein Tier! Entgehen wir diesem Unglück, so sollen die Ehre und der Ruhm dein sein!«

Durch das steile Ufer eines kleinen Flusses wurde die rasende Herde seitwärts geleitet. Der Sturm hörte auf, die Büffel gingen bald wieder langsamer, und der erschöpfte Reiter, noch immer im Sattel, konnte ein wenig einnicken.

Als er erwachte, war es Morgen. Die Herde hatte sich

innerhalb des Waldes, der sich zu beiden Seiten des Flusses ausdehnte, gesammelt, und Anton durfte zum erstenmal auf Rettung hoffen.

»Wa, wa, wa!« hörte er plötzlich schreien. War das nicht der Notruf eines menschlichen Wesens? Da erblickte er vor sich auf einem halb umgestürzten Baumstamm einen mächtigen Grizzlybären, der sich verzweifelt mühte, an den Ästen Halt zu gewinnen. Von der Büffelherde beinahe eingeschlossen, hatte er mit mehreren Bullen bereits tapfer gekämpft.

Anton und er waren Leidensgefährten. Kurzerhand entschloß sich der Mann, sprang ab vom Pferde, ergriff mit beiden Händen einen Ast und zog sich an ihm in die Höhe. Hätte er vorbeigegriffen, so wäre er beim Fall von den Büffeln sicher zermalmt worden. Daß er sein treues Tier verlassen mußte, schmerzte ihn sehr. Dann erlegte er von oben mehrere fette Kühe; durch das Schießen beunruhigt, flohen die anderen. Am Nachmittag hatten sie den Wald endlich verlassen, und Antons Gefangenschaft hatte ein Ende. Er begann seine Jagdbeute auszuweiden, steckte ein Stück Leber an eine lange Stange und reichte sie dem Bären hinauf. Für den Winter wollte er sich im Wald häuslich niederlassen. Er war nicht beritten, völlig allein und unfähig, weit zu wandern. Das Büffelfleisch trocknete er, bereitete die Felle für Kleidung und Lagerstatt zu und freundete sich mit dem Bären an, den er Ami nannte. Bald wurden die beiden einander unentbehrlich.

Anton baute sich eine kleine Blockhütte, und der Bär hielt gut Wache, brachte auch manchmal kleines Wild mit. In seinen Mußestunden fertigte sich Anton eine kleine Geige aus Zedernholz an. Die Saiten drehte er aus den Därmen einer von ihm erlegten Wildkatze. Jeden Abend nach dem Abendbrot spielte er die alten Weisen, die er kannte, und erfand neue dazu. Zuerst langweilte den Bären die Musik und das gleichmäßige Takttreten. Mit der Zeit aber gewöhnte er sich daran, und schließlich fand er gar großes Vergnügen an dem Summen des kleinen Zedernholzkastens.

Manchmal war Ami, der Bär, abends fort. Ein glücklicher Zufall fügte es, daß er gerade an jenem Abend, an dem die hungernden Büffelsucher ihren Überfall machten, nicht bei seinem Freund war.

Die unbeirrbare Ruhe dieses fremden Wesens verblüffte die Indianer vollkommen. Sie hatten noch nie einen Menschen einer anderen Rasse gesehen.

»Ist das Tschanotidan? Ist's ein Mann oder Tier?« fragten sie einander.

»Ho, wach auf, Freund!« rief Wambli.

»Vielleicht ist er vom Stamm der Stachelschweine und schämt sich, uns anzusehen!«

Da gewahrten sie ein Stück Wildbret, das über dem Feuer unter dem offenen Kamin herabhing.

»Ho, Koda, Freund! Er hat etwas zu essen! Setzt euch, setzt euch!« riefen sie durcheinander.

Endlich öffnete Anton die Augen und musterte seine so überraschend aufgetauchten Gäste. Es war eine hungrig und mager aussehende Gesellschaft. Wambli streckte ihm seine Hand entgegen, und Anton schüttelte sie herzlich. Er lehnte seine Geige an die Wand, schnitt große Stücke von dem Wildbret ab und legte sie seinen Gästen vor. Die ausgehungerten Sioux aßen gierig, während der

Widerschein des Feuers über ihre kriegerischen roten Gesichter flackerte.

Als der erste Hunger gestillt war, wandte Wambli sich in der Zeichensprache an den Wirt: »Freund, noch nie hörten wir solchen Gesang, wie du ihn mit deinem kleinen Kasten machst. Wir dachten, es sei ein Geist oder irgend etwas Böses, daher griffen wir dich an. Wir haben nie solchen Menschen, wie du bist, gesehen. Von welchem Stamm bist du denn?«

Anton erklärte, ebenfalls in der Zeichensprache, seine mißliche Lage, und die beiden verständigten sich bald. Der Kanadier erzählte den soeben dem Hungertod entronnenen Jägern von einer weiter nördlich sich aufhaltenden Büffelherde, woraufhin einer von ihnen mit dieser Nachricht in das Lager abgesandt wurde. Zwei Tage später erreichte der ganze Stamm Antons Hütte. Der versprengte Bisonjäger wurde ehrenvoll und freundlich behandelt, und die Indianer gaben ihm eine Frau. Er lebte und starb hochbetagt unter den Yanktons. Der Bär aber konnte sich nicht in das neue Leben finden. Man sah ihn niemals wieder.

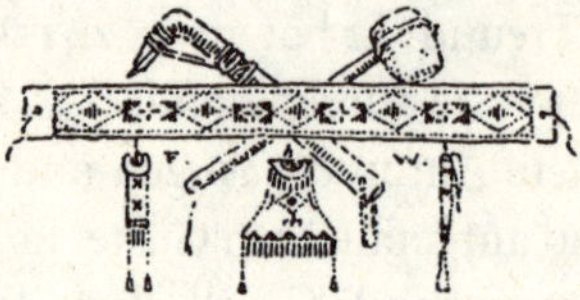

Die Hungersnot

Im westlichen Manitoba, dort, wo der Assiniboine einen Nebenfluß aufnimmt, befindet sich ein alter, geschichtlich bedeutender Handelsplatz. Es ist Fort Ellis, eine Herrin der nördlichen Wildnis und in den Jahren 1830-1870 ein Sammelplatz für die wandernden Stämme.

Hierher brachten die Indianer vergangener Tage ihre Büffelhäute und Biberfelle, um sie gegen Waren, Pulver und geistige Getränke einzutauschen. Unter anderen erschien dort öfters ein Stamm vertriebener Sioux, dessen Angehörige sich »die Verbannten« nannten. Tipiska, das Weiße Zelt, dessen Vater Taoya-te-duta, die Kleine Krähe, bei dem Minnesota-Aufstand 1862 einer der Anführer gewesen war, war ihr Häuptling. Jetzt war der große Kriegshäuptling tot, und sein Volk war vernichtet, in Gefangenschaft oder nach Kanada geflohen. Der geschäftstüchtige schottische Händler McLeod hatte bald bemerkt, daß die Sioux geschickte Jäger waren und gab sich daher Mühe, sich mit ihnen anzufreunden und gleichzeitig ein gutes Verhältnis zwischen diesen und den kanadischen Stämmen herzustellen, die sich im Sommer bei dem alten Fort trafen, um dort die schönste Zeit des Jahres gemeinsam zu verbringen.

Jetzt war nach einem solchen langen Sommer mit Festen und Tänzen der Herbst gekommen, und die drei Stämme brachen auf und zogen in verschiedene Richtungen weiter. Weißes Zelt war Vater von zwei sehr hübschen Zwillingsmädchen, um die sich viele junge Män-

ner bemühten. Keiner aber konnte sich irgendeines Erfolges bei ihnen rühmen. Ein oder zwei Jünglinge wollten um der Mädchen willen sogar ihren Stamm verlassen und den Verbannten folgen; sie fürchteten aber, von ihren Leuten deshalb verspottet zu werden. Selbst Angus McLeod, der älteste Sohn des Händlers, mußte sich sehr zusammennehmen, bewunderte er doch kein Mädchen so sehr wie Magaskawi, den Schwan, wie sie genannt wurde, eine dieser Schönheiten der Wälder.

Die Sioux wanderten nach Norden, dem Mouse River zu. Sie hatten schon früher einmal in dieser Gegend überwintert und damals dort große Büffelweideplätze gefunden. In diesem Winter aber machte man die Entdeckung, daß die Herden sich westwärts über den Missouri gewandt hatten, und man geriet in große Sorge. Der wachsame Medizinmann, der die schwierige Lage frühzeitig in ihrem bedrohlichen Ausmaß erkannte, eilte, seine Prophezeiung zu verkünden: »Das Große Geheimnis ist mir im Traum erschienen. Es zeigte mir Menschen mit mageren, ausgehungerten Gesichtern. Ich fürchte, wir werden diesen Winter Not leiden!«

Der Häuptling rief den Rat zusammen und teilte ihm die Prophezeiung mit. Sie hatte sich durch den Zug der Büffel nach Westen ja zum Teil schon erfüllt. Man beschloß, soviel Fleischvorrat wie möglich zu trocknen und aufzuspeichern, doch auch hierfür war es im Grunde bereits zu spät. Schon hatten die ersten Stürme eingesetzt, und der Winter war strenger, als man je einen erlebt hatte. Man tötete alles Kleinwild, dessen man in der ganzen Gegend habhaft werden konnte, aber die Büffel waren fort, und anderes Wild war nur spärlich vorhanden. Die mutigsten und ausdauerndsten Männer unternahmen Jagdzüge weit in die Prärie hinaus, kehrten aber meistens mit leeren Händen zurück.

Als endlich der Monat der kranken Augen, der März, anbrach, wütete Wasijah, der Gott des Sturmes, noch immer. Bis dahin hatten die knappen Fleischvorräte gerade noch gereicht; nun aber war nahezu alles aufgezehrt. Die Sioux hatten nur kleinste Mengen an Pulver und konnten in dem tiefen Schnee auch nicht in eine andere Gegend auf Wildsuche ziehen. Man fürchtete das Schlimmste. Einige Alte und Schwache, auch mehrere Kinder, waren bereits gestorben.

Tipiska rief den Rat wieder zusammen, und man beschloß, einen Boten nach Fort Ellis auszuschicken. Man wählte dazu einen Jüngling mit Namen »Der-dem-Wind-trotzt«, der auf langen Reisen schnell und ausdauernd war. Der alte Medizinmann hatte bei seinem Stamm an Überzeugungskraft gewonnen, war doch seine böse Prophezeiung auf das Traurigste in Erfüllung gegangen. Jetzt prüfte er genau den Boten, erwog noch die Gewalt des Sturmes und die Entfernung zur Festung und sprach:

»Ihr Kinder, das Große Geheimnis zürnt uns; das ist die Ursache unseres Leidens. Ich sehe über unserem Boten einen Schatten, aber ich will zum Großen Geheimnis beten. – Vielleicht kann es ihn doch retten! – Großes Geheimnis, sei barmherzig! Stärke diesen Jüngling für seine Reise, damit er sie zu Ende führen und uns Hilfe bringen kann! Erleben wir den Sommer, so wollen wir dir unser bestes Fleisch opfern und dich ehren und preisen!«

Während dieses Gebets vernahm man, wie manches Mal im März, lautes Donnern. Dieses Zusammentreffen versetzte den Medizinmann in leichte Verzückung, und das arme Volk zitterte vor Angst an allen Gliedern. »Der-dem-Wind-trotzt« nahm den Donner als eine Antwort auf das Gebet und wurde, obwohl vom Hunger geschwächt, dadurch zur Durchführung seiner Aufgabe ermutigt. Er brach am anderen Morgen bei Tagesgrauen auf, und am Abend des dritten Tages stolperte er mit letzter Kraft in die Festung. Die Bewohner erschraken über sein geisterhaftes Aussehen.

Man führte ihn in McLeods Haus und pflegte ihn gut. Der arme Kerl phantasierte und glaubte, er kämpfe mit Ejah, dem Hungergott, dessen Mund von einem Ohr zum anderen reicht. Wo dieser sich aufhält, herrscht Hungersnot; er verschlingt alles, was er sieht, sogar ganze Völker.

Doch es hieß, Ejah fürchte sich vor tönendem Metall. Der Sterbende schrie deshalb McLeod zu: »Läute deine Glocke, Wahadah!«

Der hilfsbereite Händler verweigerte ihm nicht die Bitte, und als die große Glocke, die gewöhnlich zu den Mahlzeiten und Arbeitsstunden rief, so unzeitig durch die eisige Luft tönte, fuhr der Indianer auf und tat seinen letzten Atemzug. Er hatte keinen Bericht geben können, und McLeod und seine Söhne konnten über die Lage am Mouse River nur Mutmaßungen anstellen.

Während die Sioux im Ratszelt den Boten beauftragt hatten, hatte Magaskawi in ihrer Arbeitstasche ein kleines Röllchen Birkenrinde gefunden, in dem sie ihre Stachelschweinborsten zum Sticken aufbewahrte. Nun hatte Magaskawi einst eine Zeitlang in der Familie eines Missionars in den Vereinigten Staaten gelebt und etwas Englisch schreiben und sprechen gelernt. Sie besaß freilich weder Tinte noch Feder oder Bleistift, aber mit ihrem knöchernen Pfriemen kratzte sie auf der weißen Seite der Rinde folgendes ein:

»Mr. Angus McLeod!

Wir leben in der Nähe des hohlen Felsens am Mäusefluß. Die Büffel sind westlich über den Missouri gezogen, und unser Pulver und Blei ist zu Ende. Wir sterben vor Hunger. Sollten wir uns nicht mehr wiedersehen: Leben Sie wohl!«

Diesen kleinen Brief hatte das Mädchen ihrer Großmutter anvertraut. Diese hatte ihn dem Boten übergeben.

»Angus, geh, sag den Knechten, sie sollen morgen früh den armen Jungen begraben. Ich vermute, er sollte uns Nachricht von Häuptling ›Weißes Zelt‹ bringen. Da wir nicht in die Ewigen Jagdgründe eilen und ihn fragen können, müssen wir warten, bis die Verbannten im Frühjahr zurückkehren. Wahrscheinlich wurde er unterwegs krank, oder er ist aus Überanstrengung gestorben«, schloß McLeod.

Angus war von den Bemerkungen seines Vaters betroffen. »Ich glaube, Vater, wir müssen in seinem Bündel nachsehen!« rief er aus.

Man löste ein schmales, längliches Paket von des Toten Gurt und wickelte es sorgfältig auseinander.

Es fanden sich mehrere Paar Mokassins darin. Aus einem derselben holte Angus eine kleine, sorgsam mit Wildsehnen zusammengeschnürte Rolle hervor. Mit Mühe entzifferte er die undeutliche Schrift und rief endlich aus: »Dies erklärt alles, Vater, höre!« Und er las Magaskawis Botschaft laut vor.

»Ich werde morgen aufbrechen. Wir können reichlich Pulver, Blei und Vorräte auf zwei Schlitten laden, jeden mit sechs Hunden bespannt. Drei tüchtige Männer müssen mich begleiten«, so sprach Angus sehr bestimmt.

»Du hast recht, wir dürfen unsere besten Jäger nicht verlieren. Du kannst dann auf dem Rückweg gleich wieder mitbringen, was sie an Pelzen und Büffeldecken vorrätig haben«, erwiderte schlau der Vater.

»Ich mache mir nicht viel aus den Fellen«, meinte Angus und eilte fort, um seine Vorbereitungen zu treffen.

Währenddessen wurden die Verhältnisse im Lager immer bedrückender. Tipiska, der Vater seines Volkes, war entschlossen, mit seinen Leuten den letzten Bissen Nahrung zu teilen; und jeden Morgen wanderten Magaskawi und ihre Schwester Winona mit kleinen Eßvorräten zu denen, die nichts mehr hatten.

Am Rand des Lagers wohnte eine alte Frau mit einem verwaisten Enkelkind. Sie hatte, um des Kindes Leben zu erhalten, seit einiger Zeit überhaupt nichts mehr essen wollen. Zu ihr kamen die Mädchen oft und flößten der Armen, die sich nicht mehr vom Lager erheben konnte, warme Brühe ein. Einmal hatte in diesen Tagen ein Jäger das Glück, einen Hirsch heimzubringen. Er wurde gleich unter alle verteilt; aber wie klein war der Bissen, der auf einen jeden kam! Der tapfere Jüngling erhielt kaum so viel, daß er den schlimmsten Hunger stillen konnte.

Am Abend vor Angus' Abreise erschien in der Festung ganz unerwartet Witschanchpi Jameni, Drei Sterne, ein ergebener Verehrer Winonas, mit einem anderen Assiniboin. Beide baten, sich der Expedition zum Lager anschließen zu dürfen.

Der Leithund war der alte, zuverlässige Mack, der schon in so manchen Winterreisen Dienst getan hatte. Die weißen Männer trugen langbefranste Lederhemden und -hosen, Pelzkappen und pelzgefütterte Mokassins. Ihre Gewehre waren an den langen Schlitten befestigt.

Der Schnee war ein wenig abgetaut und mit einer eisigen Kruste überzogen, die wieder frisch beschneit war. Brausend fegte der Nordwest daher und wirbelte den Pulverschnee auf, wie Asche nach einem Präriefeuer. Die Sonne kam morgens ein wenig hervor, verbarg sich aber bei dem eisigen Wind alsbald wieder.

Mit eingezogenen Schwänzen, die Ohren nach hinten gelegt, trotteten die Hunde zögernd los, und selbst der alte Mack schaute sich oft wie vorwurfsvoll um. Es war hart, gegen solchen Wind ankämpfen zu müssen. Die Männer fühlten die Kälte noch viel mehr, obwohl sie sich sorgfältig die Gesichter verhüllt hatten. Nur ein Auge war freigeblieben, und dieses war teilweise völlig von dem harten, wirbelnden Schnee geblendet.

Die Sonne verschwand frühzeitig gänzlich hinter einer Wolkenwand. Wild heulte und stöhnte der Sturm. Endlich war die Schlucht, in der man die Nacht zubringen wollte, erreicht. Man sah nur ein paar Weidenstümpfe, aber die Ufer des kleinen Baches boten ein wenig Schutz vor dem eisigen Wind.

»Ho! halt!« rief der Führer. Die Hunde hielten.

»Komm, Mack, zum Bach hinunter!« Er wies den Tieren mit der Hand den Weg.

Der alte Hund lief hinunter und alle folgten. Schnell machte man einen kleinen Platz schneefrei; ein Mann suchte Brennholz, und in wenigen Minuten war ein Zelt aufgerichtet und ein Feuer in der Mitte angezündet. Der Erdboden wurde dick mit Weidenzweigen bestreut, und Büffelfelle wurden darübergebreitet. Witschanchpi bereitete die Abendmahlzeit; bald kochte ein Kessel Wasser. Man trank starken Tee und aß getrocknetes Büffelfleisch und Pemmikan[37]. Die Hunde, denen das halbe Zelt überlassen wurde, bekamen ebenfalls eine gute Mahlzeit und schliefen, dicht aneinandergedrängt, bald ein. Nach dem Abendbrot trieb Angus zu beiden Seiten des Feuers zwei Stäbe in die Erde, legte einen anderen quer darüber und hängte sämtliche Strümpfe zum Trocknen daran auf. Dann rollte sich jeder in seine Büffeldecke, und bald waren alle in Schlaf versunken.

Der Wind raste die ganze Nacht lang. Am Morgen, als einer nach dem anderen durch die Türöffnung schaute, hatte die Welt jede Gestalt und Kontur verloren. Erst gegen Nachmittag konnte man, da der Wind sich teilweise gelegt hatte, die Reise fortsetzen.

Am dritten Tag näherten sich die Retter dem Lager. Dort herrschte eine verdächtige Stille. Man sah keine Menschenseele. Von einigen Zelten stieg jedoch Rauch auf, was darauf schließen ließ, daß noch Leben vorhanden war. Die Männer erreichten zuerst das Zelt der alten Witwe, die von den Zwillingen so treu gepflegt worden war. Zu geben hatten die Schwestern nichts mehr, aber sie hielten für den Fall, daß die Alte die Nacht überleben sollte, das Feuer in Gang. So waren sie die ersten, die das Schellengeklingel der Hunde vernahmen. Gleich darauf kamen auch die Männer in Sicht, und im nächsten Augenblick hielten Angus und Witschanchpi die abgemagerten Hände der geliebten Mädchen in den ihren.

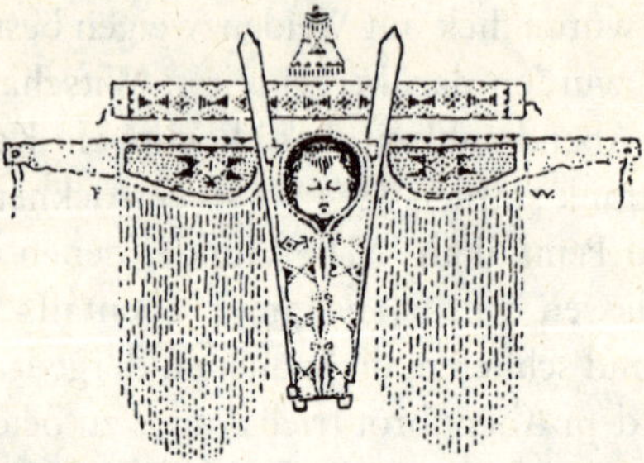

Der Kriegshäuptling

Im August des Jahres 1862 stand Tauasuota, »Er, der viel Muschelgeld hat«, in frühester Morgenstunde vor seinem prächtigen Büffelhautzelt. Hinter dieser Behausung dehnte sich ein stattliches Maisfeld. Gleich Kriegern im Tanzgewand mit dem quastenartigen Kopfputz, reckten sich die großen, schlanken Stengel mit ihren haarigen Kolben in die frische Morgenluft.

»Dank dir, Großes Geheimnis! Du gabst mir im Kriege Glück. Keiner darf sagen, Tauasuota sei ein Feigling! Ich habe mich ausgezeichnet, so ausgezeichnet, daß unser Häuptling Ta-oya-te-duta, die Kleine Krähe, mich zum Kriegshäuptling bestimmt hat. Taakitschita! Kriegshäuptling!« wiederholte er selbstzufrieden.

Die Sonne stand gerade über dem östlichen Uferrand des Minnesotaflusses. Tauasuota unterschied deutlich die Holzhäuser, die im Laufe des Jahres, seit Little Crow zuletzt einen Vertrag mit den Weißen geschlossen hatte, auf der weiten Ebene von Siedlern errichtet worden waren. »Ugh! Sie nehmen uns unser schönes, wildreiches Land!« dachte er, als er seine Blicke über sie hingleiten ließ.

In demselben Augenblick stürzten mit lautem Geschrei zwei kleine Burschen aus dem weißen Zelt. Zum Zeichen, daß sie Kinder eines hervorragenden Kriegers waren, trug jeder eine kleine Feder als Kopfputz.

Ausgelassen und flink tanzten sie um den Vater herum; der aber stand würdevoll wie ein stattlicher Hirsch

und betrachtete die von der Morgensonne vergoldete Landschaft und ihre Bewohner, die Alten und die Neuen, die Roten und die Weißen. Noch hatten sie sich nicht vermischt; der Fluß trennte sie.

Endlich nahm er die kleinen zukünftigen Krieger hoch und setzte sie, einen mit jeder Hand, auf seine Schultern. Für einen kurzen glücklichen Moment fühlte er sich ganz als Vater.

Plötzlich aber setzte er sie wieder nieder und schickte sie ins Zelt. Das Land schien ruhig. Noch immer schaute der Krieger nach Westen auf den Fluß. Dort aber – was war das? Sein scharfes Ohr vernahm in weiter Ferne den unheilverkündenden Laut des Kriegsrufes. Die Hügelkette hinter dem Wahpetondorf schloß nach jeder Seite die Aussicht ab. Zwischen diesen Hügeln und seinem Dorf lagen die Gebäude der Indianer-Agentur und die Warenlager der Händler. Das scharfe Auge des Indianers suchte noch einmal den Horizont ab. Sein Blick blieb schließlich an der Farm seines neuen Nachbarn jenseits des Flusses hängen, jenes flachshaarigen weißen Mannes. Mit seinen vielen emsigen Kindern und der arbeitsamen weißen Frau glich er einer Biberfamilie. Von Sonnenaufgang, bis der Tag zur Neige ging, wurde dort ohne Unterlaß gewerkelt und gearbeitet.

Auf einmal ertönte erneut der ferne Kriegsruf. Diesmal näher und deutlicher.

»Was, die Leute vom Wilden-Reis-Fluß in voller Kriegsbemalung!? Steht wieder einmal ein Ojibwayangriff bevor? Ugh, ugh, ich will sie lehren, was kämpfen heißt!« rief er laut.

Die weißen Händler und Regierungsbeamten der Unteren Agentur, die bereits aufgestanden waren, hörten und sahen das Anrücken der Santee-Krieger. Sie hatten keine Angst. Glaubten sie doch, die Ojibway wollten die Santee-Sioux angreifen. Und das kam öfters vor. Vermutlich kamen die Sioux zur Agentur, um ihre Pulverhörner zu füllen. Die Jüngeren unter den Weißen freuten sich auf den Anblick eines Indianerkampfes.

Langsam kamen die Indianer näher. Bei jedem Dorf schlossen sich ihnen weitere Santee-Trupps an.

Unter den Waldland-Sioux herrschte, man konnte es nicht leugnen, große Unzufriedenheit. Man hatte ihnen seit langem die Renten nicht mehr ausbezahlt, für die sie ihr Land aufgegeben hatten, und wieder und wieder waren die Zahlungen verzögert worden. Viele waren in großer Not. Zwar gaben ihnen die Händler Kredit, sie rechneten ihnen aber den vierfachen Wert für die erhandelten Waren an. Sie hatten Little Crow veranlaßt, ihnen 98 000 Dollar gutzuschreiben. Das war der Kaufpreis für ihre nördlich vom Minnesota gelegene Reservation, die inzwischen aber bereits von den Weißen mit Beschlag belegt worden war.

Little Crow hatte sich durch diese Zugeständnisse an die Weißen sehr unbeliebt gemacht und war jetzt, um seine Achtung wiederzugewinnen, zu allem bereit. Einige Krieger der oberen Siouxstämme hatten bereits sein Leben bedroht; öffentlich aber sprach noch keiner von einem Kampf gegen die Weißen.

Einige Jäger der Leute vom Reisfluß, die den Fluß überquert hatten, um in ihren alten Jagdgründen zu jagen, die jetzt den Weißen gehörten, hatten im Streit zwei Familien weißer Ansiedler erschlagen. Da hielt Little

Crow den Zeitpunkt für gekommen, den Unzufriedenen ein für allemal zu zeigen, daß er kein Freund der Weißen war. Er schwang sich auf seinen Schimmel und schloß sich den Aufständischen an.[38]

Tauasuota hatte gerade seine Kriegsvorbereitungen beendet, das Gesicht bemalt und sein Gewehr geprüft, als er auch schon den Häuptling vor seinem Zelt hörte.

»Du bist mein Kriegshäuptling«, sprach die Kleine Krähe, »das ist jetzt deine erste Aufgabe. Schakopee Tschikula, die Kleine Sechs, und seine Leute haben mit den Weißen Krieg angefangen. Zwei Familien sind bereits tot; jetzt ziehen sie gegen die Regierungsgebäude. Mein Kriegshäuptling soll diesen Angriff eröffnen.

Die Indianer, die ihr Haar abgeschnitten haben und die Kleider der Weißen tragen, werden vielleicht die Weißen warnen. Beeile dich also! Fällst du heute, wohlan, so ist es ein Ehrentag! Unsere Frauen werden Tauasuota beweinen. Du sollst die Santee anführen!« Nach diesen Worten galoppierte Little Crow den herannahenden Kriegern entgegen.

»Da kommt Ta-oya-te-duta, der Freund der Weißen!« höhnte ihn ein Krieger.

»Freunde und Krieger! Ihr werdet heute sehen, wer Freund des weißen Mannes ist. Keiner soll es künftig noch wagen, davon zu reden, daß ich wider die Interessen meines Volkes gehandelt habe«, erwiderte er.

Nach kurzer Unterredung mit den anderen Häuptlingen forderte er die Händler auf: »Schnell, füllt die Pulverhörner meiner Krieger! Vielleicht muß der Vorrat für den ganzen Tag reichen.« Bald hörte man den Weg am Indianerdorf entlang lautes Geschrei.

»Ho, ho! Tauasuota, u – ye – do! Er kommt, er kommt!« riefen die Krieger.

Schweigend stieg der zum Kriegshäuptling bestimmte Tauasuota ab und schritt, das Gewehr in der Hand, geradewegs auf das größte Gebäude zu.

»Freund!« rief er dem unter der Tür stehenden Händler zu, »es kann sein, daß wir heute noch beide vor dem Großen Geheimnis stehen! Du aber mußt vorangehen!«

Ein lauter Knall, und der keinen Verdacht hegende Weiße lag am Boden. Es war Jakob Lynd, einer der ersten Händler, die sich an der Unteren Agentur niedergelassen hatten und der mit vielen Indianern befreundet war.

Kaum war der erste Schuß von Tauasuotas Hand gefallen, als alle anderen zu schießen begannen. Hier- und dorthin rannten, Schutz suchend, die erschreckten Weißen – vergebens. Sie waren überrumpelt und dadurch völlig in den Händen der Feinde.

Auch die Indianer, die den Weißen freundlich gesonnen waren, schienen völlig überrascht. Wilde Gerüchte von Empörung und Aufruhr waren zwar oft genug an ihre Ohren gedrungen, stets hatte aber die Bestätigung der besonnenen Anführer gefehlt. Christliche Indianer rannten nach allen Richtungen, um, wenn möglich, wenigstens Frauen und Kinder der Regierungsbeamten zu retten. Währenddessen wußte man auf den neuen Ansiedlungen längs des Minnesotaflusses noch nichts von der drohenden Gefahr. Nicht einer ahnte etwas von dem schrecklichen Geschick, das von Minute zu Minute näherrückte.

Tauasuota ging zur Seite und rauchte seine Pfeife. Er schien beinahe vergessen zu haben, was er getan hatte.

Während das Gemetzel mit all seinen Schrecken um ihn herum wütete, saß er rauchend da. Er versuchte, seine Gedanken zu ordnen, aber seine Sinne waren verwirrt, und im geheimsten Innern lehnte er sich gegen Little Crow auf. Zu einer Feiglingstat hatte man ihn veranlaßt! Seinen Ruhm hatte er sich durch tapfere Kämpfe in der Schlacht erworben; dies aber kam einem Mord gleich – das Töten eines unbewaffneten weißen Mannes.

Mochten die Untüchtigen nun ihrem Groll gegen die Händler nach Herzenslust freien Lauf lassen, Tauasuota hatte stets mit allen auf bestem Fuße gestanden.

Plötzlich hörte er einen gellenden Schrei. Er sah auf und erblickte einen fast nackten Weißen, der dicht neben ihm vom Dach des Lagerhauses herabsprang.

Wohl hätte er Myrick töten können, er machte aber keinerlei Versuch dazu, rief ihm nur zu:

»Ho, ho! nina iyaye! Lauf, lauf!« Fort rannte der Weiße, dem Fluß und dem Walde zu.

»Ah, er ist schnell! Er wird sich retten!« dachte Tauasuota.

Jetzt hatten die Indianer den Flüchtenden erspäht. Ein Hagel von Geschossen sauste ihm nach. Er aber rannte schneller und schneller. Als er die Schutz bietende Böschung erreicht hatte, fiel noch ein einzelner Schuß – und tot sank er nieder.

Lautes Kriegsgeschrei ertönte. Man vermutete in ihm einen jener Männer, die das ihnen anvertraute Geld der Indianer unterschlagen hatten.[39]

Noch immer saß Tauasuota im Schatten und rauchte. Noch immer schlossen sich neue Trupps dem Aufstand an, um ihre todbringende Mission jenseits des Minnesota fortzusetzen. Er aber blieb sitzen, wo er war. Da gesellten sich einige der älteren Krieger dazu und rauchten mit ihm.

»Ho, Neffe«, meinte der eine ernst, »du hast ein großes Unglück über uns gebracht. Der Verlust unseres Landes, unsere Vernichtung ist uns sicher. Aus welchem Grund hast du das getan?«

Der also Redende war der Wahpetonhäuptling, ein Blutsverwandter Tauasuotas. Dieser antwortete nicht sogleich, füllte schweigend seine Pfeife und reichte sie dem, der ihm den Vorwurf gemacht hatte. Es war ein gerechter Vorwurf. Tauasuota war ein tapferer Mann und hätte die Forderung Little Crows, das Gemetzel zu eröffnen, zurückweisen können.

Da verbreitete sich die Nachricht, daß von Fort Ridgely Soldaten anrückten. Little Crow schlug vor, sie in einen Hinterhalt zu locken. Die Hauptstreitmacht der aufständischen Santee wollte in der Nacht durch das Minnesota-Tal nach Süden ziehen, um das Fort anzugreifen.

»Neffe, du hast das erste Blut der Weißen vergossen; geh, nimm an dem Kampf mit den Soldaten teil. Die sind bewaffnet und werden sich verteidigen«, meinte ein alter Häuptling. Tauasuota erwiderte:

»Onkel, du sagst die Wahrheit; ich habe mich wie ein Feigling benommen. Freilich nicht mit eigenem Willen; dennoch, ich habe nun einmal meine Waffe gegen die Weißen erhoben; nun will ich gegen sie kämpfen, solange ich lebe. Werde ich im Kampf besiegt, so sollen sie mich töten.« Er erhob sich, nahm sein Gewehr und schloß sich den Kriegern an.

Der entsetzliche Tag dieses Gemetzels neigte sich seinem Ende zu. Die erschreckten Siouxfrauen und -kinder waren vor den heranrückenden Truppen den Fluß aufwärts geflüchtet. Leuchtend ging die Sonne unter und sandte ihre Strahlen über die Hügel. Die glühten auf der einen Seite rot wie Blut, und schwarz lag die andere Seite da, wie der Schatten des Todes. Der Rauch der brennenden Farmen lag wie eine schwere Wolke über dem schönen Flußtal. Auch die Indianerdörfer waren verödet, und alle die weißen Zelte, die auf dem westlichen Ufer des Minnesota gestanden hatten, waren verschwunden.

Hier und da kehrten Kriegertrupps von ihrer blutigen Arbeit zurück; unter ihnen auch Tauasuota.

Er schaute lange auf den Platz, auf dem sein Heim gestanden hatte; es war fort und mit ihm seine Familie. Ah! Das herrliche Land seiner Vorfahren! Er mußte für immer von ihm scheiden, denn er wußte, die Weißen würden es in Besitz nehmen. Traurig sang er ein Geisterlied, betete zum Großen Geheimnis und rechtfertigte sein Handeln mit der Erklärung, daß das, was er getan, seine Pflicht gewesen sei. Es war keine rühmliche Kriegstat für ihn. Er konnte weder eine Adlerfeder dafür anlegen noch von seiner Heldentat erzählen. Der Gedanke, auf einen unbewaffneten Mann gefeuert zu haben, war ihm schrecklich.

Tauasuota folgte der breiten Spur der zurückkehrenden Schar seiner Landsleute und erreichte in einigen Stunden ein Lager. Man sang keine Kriegslieder, tanzte auch nicht, wie es sonst nach einer Schlacht Brauch war; überall Schweigen. Selbst die Hunde bellten kaum, als er näher kam. Alles stand unter dem Eindruck der schrecklichen Ereignisse.

Er fragte nach seiner Frau und seinen zwei kleinen Söhnen, die er bereits gelehrt hatte, es dem Vater eines Tages gleichzutun. Man wies ihn nach dem Zelte seiner Mutter.

»Ach, mein Sohn, mein Sohn, was hast du getan?« rief seine alte Mutter, als sie seiner ansichtig wurde. »Komm herein, komm herein, laß uns noch einmal zusammen essen, ich habe eine Vorahnung, daß es das letzte Mal sein wird. Ach, was hast du getan!«

Tauasuota betrat schweigend das Zelt seiner verwitweten Mutter, und seine drei Schwestern wiesen ihm den Ehrenplatz an.

»Mutter, du solltest unseren Ältesten nicht tadeln. Er war des Häuptlings erster Krieger. Wäre er dessen Worten nicht gefolgt, man hätte ihn einen Feigling genannt. Das hätte er nicht ertragen!«

Man reichte ihm zu essen; er nahm einige Bissen und gab die Schüssel zurück.

»Du hast mir noch nicht gesagt, wo sie ist – und die Kinder«, sagte er mit tiefem Seufzen.

»Mein Sohn, mein Sohn, ach, es wird dich traurig machen. Ich schwieg, denn erst solltest du essen. Ihre Mutter hat sie nach Faribault geholt – zu den Weißen! Ich konnte sie nicht überreden zu warten, bis du kamst. Ihre Familie liebt die Weißen; sie haben ihre Religion angenommen!« jammerte die Alte.

»Mutter, ich bin zu stolz, den Stamm zu verlassen und jetzt mit meiner Frau unter den Weißen zu leben. Mag mein Schwager immerhin in meinem Interesse lügen und sagen, meine Hände seien nicht mit Blut befleckt; die Geister jener, die heute gestorben sind, würden mir Vorwürfe machen, und diese Vorwürfe wären gerecht. Nein, ich muß nun bis an meinen Tod gegen die Weißen kämpfen; nie aber habe ich sie grundlos bekämpft. Ehe ich gehe, möchte ich meine Söhne noch einmal sehen.«

Tauasuota verließ das Zelt seiner Mutter und wandte sich schnellen Schrittes zum Ratszelt, um Kleine Krähe zu sprechen. Er zog seine Decke, unter der er sein Gewehr trug, fest um den Leib. Das scharfe Auge des alten Häuptlings bemerkte sofort den finsteren Ausdruck im Gesicht seines Gastes, und so ergriff er zuerst das Wort.

»Jeder große Mann hat Zeiten im Leben, in denen er Beschwerden und Mühseligkeiten entgegensieht. Zum Besten seines Volkes muß er sein eigenes Leben und die eigenen Interessen opfern.«

»Mir ist um mich nicht bange«, erwiderte Tauasuota, »aber mein Herz ist schwer heute abend. Meine Schwiegermutter nahm mir Frau und Söhne und brachte sie zu den Weißen. Erfährt man, was wir getan haben, so zittere ich für ihr Leben. Jetzt gehe ich, um sie wiederzusehen.«

»Ugh, ugh, ich brauche dich morgen. Ich will mit einem großen Heer von Kriegern morgen Fort Ridgely angreifen. Es ist nicht stark besetzt. Dann ziehen wir gegen New Ulm und andere Städte. Wir treiben sie alle bis St. Paul und Fort Snelling zurück.« Little Crow sprach energisch. »Du mußt bleiben! Entweder leitest du den Angriff auf das Fort oder den auf New Ulm.«

Einige Minuten saß Tauasuota in Schweigen versunken. Endlich sagte er einfach: »Ich werde kämpfen.«

Der Angriff wurde unternommen, doch er blieb ohne Erfolg. Das ganze Land war in Aufregung. Alle noch am Leben gebliebenen Siedler flüchteten in die größeren befestigten Städte. Ein großer Teil der Sioux war bereit, sich zu ergeben. Sie wollten zeigen, daß sie an dem Gemetzel keine Schuld trugen und die vorschnelle Tat des Stammes nicht billigten.

Am Abend erkannte Tauasuota, daß ein langer Krieg mit den Weißen bevorstand. Die Indianer mußten ihre Familien so schnell wie möglich in Sicherheit bringen. Die Nacht hatte seinem bedrückten Geist keine Erleichterung gebracht, wohl aber den Entschluß zu einem gewagten Unternehmen. Er fragte niemand um Rat, sondern machte sich auf den Weg nach dem in beträchtlicher Entfernung gelegenen Dorfe Faribault.

Weitab von den gewöhnlichen Straßen nahm er seinen Weg über die niederen Höhenzüge am Minnesota. Er lief sehr rasch, wußte er doch, daß er etwa hundert Meilen in kürzester Zeit zurücklegen mußte. Jeder versäumte Tag erschwerte das Wiedersehen mit den Seinen.

Er hielt sich so fern wie möglich von allen Ansiedlungen; trotzdem stieß er ab und zu auf einsame, bis auf den Grund zerstörte Gebäudereste. Die Leichen der unglücklichen Familien lagen verstreut umher, die Gesichter nach oben gekehrt. Wie teuer würde sein Volk diesen Aufstand bezahlen müssen!

Ein Hund, der jammervoll neben den Toten heulte, war oft der einzige Überlebende vom Haushalt des Farmers.

Gelegentlich hörte Tauasuota die mit Frauen und Kindern beladenen Wagen der Flüchtlinge. Bewaffnete Männer schritten vor und hinter ihnen her. Es waren gewöhnlich Ochsengespanne, die langsam einer größeren Stadt zuzogen.

Beim Morgengrauen mußte sich Tauasuota ein sicheres Versteck suchen. Er rollte sich in seine Decke, legte sich in ein trockenes Bachbett unter rote Weiden und schlief sofort ein.

Am nächsten Abend setzte er seine Reise fort und erreichte Faribault um Mitternacht. Selbst hier rechnete man mit der Möglichkeit eines Indianerangriffs und wachte Tag und Nacht. Tauasuota kannte die Gegend gut. Es war dort viel Wald. Bald fand er die indianische Niederlassung, wagte aber nicht einzutreten, da diese Indianer sich mit den Weißen verbündet hatten. Hätte man einen feindlichen Sioux aufgenommen, so wäre man in den Verdacht des Verrats gekommen, und wer wurde mehr gehaßt als Kleine Krähe und sein Kriegshäuptling!

Er suchte sich einen verborgenen Winkel, von dem aus er seine Frau erwarten wollte. War sie denn wirklich dort? Hatte man ihr nicht vielleicht auf der Reise aufgelauert und sie erschlagen? –

Die Nacht war die schrecklichste, die Tauasuota je erlebt hatte. Schlief er, so träumte er nur von Kriegsruf und Angriff; endlich erwachte er, die Sonne stand schon hoch am Himmel, und wirklich – spielten da nicht vor dem Zelt seine kleinen Söhne, ganz wie in alter Zeit? – Im nächsten Augenblick hörte er, aus der Tiefe des Waldes, die Stimme seiner Frau. Sie klagte um den Gatten!

»O nimm uns, Geliebter, nimm uns zu dir! Laß uns zusammen sterben!« flehte sie, als sie ihn, den bereits Totgeglaubten, erblickte. Wohl wußte sie von dem Preis, der auf seinen Kopf stand, ach, und es waren Mischlinge da, die das Geld mehr als das Blut ihrer indianischen Mütter liebten.

Tauasuota stand einige Minuten sprachlos. Sein mächtiger Körper zitterte wie eine Kiefer im Gewittersturm.

»Nein«, sagte er endlich, »ich gehe, ihr bleibt. Du bist eine Frau. Die Weißen brauchen nicht zu wissen, daß deine kleinen Knaben auch die meinen sind. Bring sie mir heute abend, ich möchte sie zum Abschied küssen.«

Die Sonne senkte sich über den Baumwipfeln, als sie sich wiedertrafen.

»Ate, Ate! Vater, Vater!« schrien die kleinen Burschen trotz der ihnen eingeschärften Vorsicht. Schnell legte die Mutter ihren Finger auf die Lippen, und sie waren still. Tauasuota nahm die Kleinen auf den Arm und herzte sie. Er lächelte sie an, während ihm dicke Tränen die Wangen herabliefen. Dann verschwand er im Dunkel des Waldes, und die Seinen sahen ihn niemals wieder.

Der Kriegshäuptling lebte und starb als Feind der Weißen. Einer seiner Söhne wurde später unter dem »langhaarigen Gebetsmann« Bischof Whipple von Minnesota ein Diener der Kirche und des Evangeliums.

Des weißen Mannes Botschaft

Auf einem weiten Flachland, hinter den Agenturgebäuden einer größeren Indianerreservation, dehnte sich ein Lager von etwa tausend Zelten aus, die, wie es von alters her Brauch war, im Kreise aufgestellt waren. Inmitten dieses Ringes erhob sich das Ratszelt. Dort versammelten sich des Nachmittags alle älteren, angesehenen Männer des Dorfes; einige erschienen in Decken, andere in Uniformen, und manche waren gar mit abgetragenen Kleidungsstücken von Weißen angetan. Ihre Gedanken aber – und darin waren sie alle gleich – schweiften zurück in die Tage ihrer Jugend und goldenen Freiheit.

Sie saßen um das Ratsfeuer. Die Pfeife kreiste ein ums andere Mal in der Runde, und traurig, wenn auch von Erinnerungen beflügelt, sangen sie, von der großen Trommel begleitet, die alten Lieder. Zwischen den Gesängen erzählten einige von ihren Heldentaten. So lebendig und frisch berichteten sie, als lebten sie noch in jenen Zeiten.

»Tum, tum, tum«, ertönte die Trommel. »Uh, uh!« riefen sie fröhlich am Schluß eines jeden Liedes.

»Ho«, meinte schließlich der Wortführer der Versammlung, »Sujamani, Er-zieht-in-den-Krieg, will uns noch von seinem großen Ritt berichten. Er machte ihn ja nicht weit von hier, am Missouri entlang. Viele erinnern sich dessen noch gut. Ihr Jungen, hört zu!«

»Ho, ho!« antworteten alle sofort. Die große Trommel erklang. Man füllte die Pfeife und gab sie Sujamani.

Der rauchte schweigend einige Minuten, dann erzählte er:

»Im Sommer des Jahres 1863 hatte General Sibley einen Teil unseres Volkes bis über den Großen Missouri verfolgt. Wir Hunkpati-Sioux waren den Weißen freundlich gesinnt. Im Winter desselben Jahres schlugen wir unser Lager etwa zwei Meilen von Fort Rice, im Dakotaterritorium[40], auf. Der Platz hieß: Jag-das-Wild.

Der Kriegshäuptling der weißen Besatzung ließ eines Tages die Häuptlinge unseres Stammes kommen und sagte einem jeden: ›Leihe mir deinen tapfersten Krieger.‹ Jeder Häuptling rief seine besten Krieger zusammen und teilte ihnen den Wunsch mit.

›Der weiße Häuptling‹, erklärten sie, ›will einem anderen Häuptling in Fort Berthold, wo die Ree und Mandan leben, eine Botschaft zukommen lassen. Die Soldaten des Großen Vaters (des Präsidenten der Vereinigten Staaten) kennen den Weg nicht, es würde auch keinem gelingen, durch das Gebiet der feindlichen Indianer zu kommen. Er bittet um einen tapferen Mann, der den Auftrag ausführen will.‹

Die Mandan und Ree waren seit alter Zeit unsere Feinde. Das war aber nicht der eigentliche Grund, warum wir zögerten. Wir hatten dem Großen Vater in Washington Treue geschworen; wir hatten gegen unsere eigenen Stammesgenossen Partei ergriffen, und die feindlichen Sioux-Stämme behandelten uns in jenen Zeiten schlimmer als unsere anderen Feinde!

Jeder Häuptling hatte nur seine wagemutigsten Krieger gefragt, und jeder gab nun dem Kommandanten eine abschlägige Antwort.

Darauf schickte der weiße Häuptling wieder und ließ fragen: ›Habt ihr denn nicht einen Jüngling, der es wagt, dem Tode ins Auge zu schauen? Erreicht er die Festung mit meiner Botschaft, so hat er sich als findig und tapfer bewährt, und der Große Vater wird ihn sicher nicht vergessen!‹

Nun wurde von allen Häuptlingen gemeinsam eine große Versammlung abgehalten und allen Jünglingen die Bitte von des Großen Vaters Stellvertreter vorgetragen. Wir wußten alle sehr wohl, daß das ganze Land zwischen uns und Fort Berthold, etwa 150 Meilen im Umkreis, von feindlichen Sioux besetzt war. Fingen und erkannten sie einen von uns, so war ihm der Tod sicher. Sie zu täuschen, indem man so tat, als sei man ein Feind der Regierung, war nicht gut möglich, denn die Gesinnung eines jeden einzelnen Indianers war wohlbekannt. Die Krieger wollten nicht gehen. Sie wußten zu gut, daß der Dienst für einen Weißen bei unserem Volk nicht als Heldentat galt. Manche gingen wohl allein aus diesem Grunde nicht. Unsere Achtung vor den Weißen war damals gering.

Alles schwieg. Da bot ich schließlich meine Dienste an. Staunen ringsum! Ich war noch sehr jung und hatte keinerlei Erfahrung.

Unser Häuptling, Mato Noupa, Zwei Bären, mein eigener Onkel, gab dem Kommandanten meinen Namen an. Dieser rühmte meinen Mut und empfahl mir Vorsicht. Der Dolmetscher sagte ihm, daß ich noch keinen Kriegszug mitgemacht hätte. Man würde mich wie ein Kaninchen erlegen. Da aber niemand sonst gehen wollte, mußte er mich als Boten annehmen. Er gab mir ein gutes

Pferd, einen schönen Sattel, ein Gewehr und eine Uniform. Das Gewehr und die Uniform nahm ich nicht, ließ mir aber einen Revolver geben. Dann nahm ich Bogen und Pfeile und verbarg den Brief in einem meiner Mokassins.

Am nächsten Morgen vor Tagesanbruch rückte ich aus. Es lag tiefer Schnee. Ich ritt am westlichen Flußufer entlang und paßte scharf auf, sah aber nichts Ungewöhnliches. Man hatte mir ein vorzügliches Fernglas mitgegeben, so konnte ich gut Ausschau halten. Ich ritt ununterbrochen bis tief in die Nacht hinein. Dann gönnte ich meinem Pferd und mir selbst ein Weilchen Ruhe.

In frühester Morgenstunde, gestärkt durch ein paar Bissen Pemmikan, brach ich wieder auf. Es dämmerte kaum, als ich die Höhe einer Hügelkette erreicht hatte, von der aus ich mich orientieren wollte. Als ich hinabritt, sah ich mich plötzlich von zahllosen Ponys umgeben. Offenbar gehörten sie zum Lager der feindlichen Sioux.

Ich wollte so schnell wie möglich dem Lager ausweichen. Einige Männer fingen bereits die Pony ein, doch noch niemand schien mich bemerkt zu haben. Wurde es erst heller, so mußte man mich sehen. Glücklich erreichte ich den Talgrund noch vor Tagesanbruch; ich war froh, so leicht davongekommen zu sein.

Dann aber wurde mein Pferd unruhig. Das Tier stemmte seine vier Beine zusammen und rutschte eine Uferböschung hinab, die sich vor mir auftat. Auf der anderen Seite des Baches angekommen, wandte es sich plötzlich um und fing an zu galoppieren. Da bemerkte ich hinter einem Baum einen Mann, der mich beobachtete. Glücklicherweise trug er keine Waffe.

Er machte mir Zeichen, daß ich halten sollte. Ich aber trieb mein Pferd an und jagte davon. Laut schrie er hinter mir her. Wahrscheinlich wollte er das Lager wecken und auf meine Spur lenken.

Ich floh nach Westen und stieß auf einen anderen Mann zu Pferde, der zwei Ponys vor sich hertrieb. Er rief mich an, doch ich antwortete nicht; dann verfolgte er mich ein Strecke. Zwei weitere Reiter versuchten mich einzuholen, ich hatte aber ein gutes Pferd und entkam.

Als das Lager schließlich hinter mir lag, wandte ich mich wieder dem Fluß zu. Das Reiten war beschwerlich. Manchmal mußte ich durch tiefe, schneegefüllte Schluchten, in denen mein Pferd bis an den Leib versank und sich kaum weiterbewegen konnte. Meine Verfolger hatten jedoch die gleichen Hindernisse zu überwinden; ihrer aber waren viele, die mich fortwährend mit Schüssen und gellendem Geschrei zu erschrecken suchten.

Endlich kam ich wieder in eine Schlucht. Doch dort schien es, als könnte ich nie wieder heraus. Außerdem merkte ich, daß sie mir den Weg abzuschneiden suchten – aber eine letzte verzweifelte Anstrengung, und ich entkam ihnen.«

Laut ertönte die große Trommel als Beifall für seine Erzählung.

»Wintertage sind kurz«, fuhr Sujamani nach einer kleinen Pause fort. »Die Sonne sank, ich aber ritt im Dunkeln weiter und erreichte Fort Berthold um Mitternacht. Todmüde von Ritt und Aufregung eilte ich zum Befehlshaber, gab meine Briefe ab und beeilte mich, zum Dolmetscher zu kommen, bei dem ich mich sofort schlafen legen wollte.

Der Dolmetscher aber erzählte von meiner Ankunft, und so kamen noch an demselben Abend mehrere Ree, Mandan und Gros Ventre, unter ihnen der Reehäuptling Schunka Tamahetscha, der Magere Hund, um mich zu besuchen.

›Du bist entweder noch sehr jung oder ein Narr‹, sagte letzterer zu mir. ›Du hast uns noch nichts erzählt; dabei bist du doch nur knapp dem Tode entronnen. In der Dämmerung kam ein Kundschafter und erzählte uns von deiner Verfolgung. Du müssest tot sein, sagte er, denn er hatte viele Schüsse fallen hören. Diese Weißen werden dir deinen großartigen Ritt niemals danken! Du bekommst nichts für das, was du geleistet hast, nicht einmal etwas, das einer Adlerfeder entspräche.‹

Am nächsten Tage wurde ich in das Hauptquartier geladen und mußte dort meine Erlebnisse berichten. Der Kommandant riet mir, vierzehn Tage in der Festung zu bleiben, bis sich die feindlichen Stämme beruhigt hätten.

Nach Ablauf dieser Zeit schrieb er seine Briefe, und ich meldete mich bei ihm, fertig zur Abreise. ›Ich lasse dich durch zwanzig Ree und Gros Ventre durch das feindliche Lager geleiten‹, sagte er. Wir brachen am anderen Tage sehr zeitig auf und erreichten mit einbrechender Dunkelheit das feindliche Lager.

Es wurden zwei Kundschafter, die nach altem Kriegsbrauch den Treueid geleistet hatten, vorausgeschickt. Ihr kennt die Sitte: Jeder mußte feierlich eine brennende Pfeife berühren. Dann wurde die Pfeife wie gewöhnlich zum Rauchen herumgereicht.

Wir folgten den Spähern in größerem Abstand und erreichten nach Mitternacht den Platz, den wir als Treffpunkt verabredet hatten. Die Späher sollten das Lager auskundschaften und dann berichten. Es war ein einsamer Platz, und die Nacht war sehr kalt und still. Wir saßen wartend im schneebedeckten Wald, in der Nähe einer kleinen Schlucht. Tiefes Schweigen herrschte. Ich hatte genügend Zeit, um über meine Lage nachzudenken. Diese Ree und Gros Ventre waren über Generationen unsere Todfeinde gewesen. Ich war einer gegen zwanzig. Sie hatten zwar ihre Befehle vom Festungskommandanten. Doch das war mein einziger Schutz.

Bald hörten wir im Westen einen Wolf heulen. Sofort antwortete einer meiner Begleiter ebenso. Ich hätte das Geheul nicht von dem eines wirklichen Wolfes unterscheiden können. Dann hörten wir unten in der Schlucht eine Eule schreien. Sofort gab einer der Gruppe in gleicher Weise Antwort.

Bald tönte die Wolfsstimme näher, die der Eule in der entgegengesetzten Richtung ebenfalls. Wir hörten in der kalten, klaren Luft Pferdegetrappel. Gleich darauf erschienen die Kundschafter. Die Krieger bildeten einen Kreis, füllten die Pfeife, und ein zweites Mal legten die Späher ihren Schwur ab.

Sie berichteten, daß eine Fußspur den Nebenfluß des Missouri entlanglaufe. Woher sie käme, wohin sie führe, sei in der Finsternis nicht zu erkennen; jedenfalls sei sie mehrere Tage alt. Darüber wurde eine Weile hin und her geredet. Waren Leute aus dem Lager ausgerückt, um Wild aufzuspüren, oder hatte der Clan Zuwachs an Kriegern erhalten? –

Es ging schon gegen Morgen, als wir unsere Reise fortsetzten. Man geleitete mich noch eine kleine Strecke über die Schlucht hinaus und überließ mich dann meinem Schicksal, denn die Männer hatten Angst. Bevor ich meinen Weg allein fortsetzte, sangen mir meine Begleiter mit gedämpfter Stimme ein Stark-Herz-Lied.

Ich versuchte, das Lager in einem großen Bogen zu umgehen, kam aber doch durch die Ponyherde, die an allen Abhängen graste. Leise, um sie nicht zu schrecken, ritt ich hindurch; dann aber ging's in vollem Galopp auf und davon.

Vor den Übergängen der Schluchten zu beiden Seiten des Lagers war ich gewarnt worden; dort könnte ich leicht in einen Hinterhalt geraten. Die zweite Schlucht lag bereits ein gutes Stück hinter mir; ich glaubte mich bereits in Sicherheit, war aber bei dem langen Ritt sehr müde geworden und steif vor Kälte. Auch mein Pferd war sehr erschöpft. Am Grunde einer tiefen Schlucht fand ich reichlich dürres Holz, reinigte den Platz vom Schnee und zündete mir ein kleines Feuer an. Mein Pferd bekam seinen letzten Hafer, und ich genoß den Rest Pemmikan, den mir die Reekundschafter gegeben hatten.

Plötzlich spitzte mein Pferd die Ohren. Es kaute weiter, dann lauschte es wieder in der Richtung des Heimweges. Ich wurde unruhig und lauschte ebenfalls. Da – Pferdegetrappel, aber in weiter Ferne. Schnell saß ich auf und raste die Schlucht entlang bis auf die offene Ebene hinaus. Da kamen mir etwa dreißig Sioux in vollem Kriegsschmuck von Fort Rice her entgegen! Als sie mich entdeckten, schwangen sie laut schreiend ihre Gewehre und Kriegsbeile über ihren Köpfen. Ich trieb mein Pferd an und raste vorwärts. Überholten sie mich, so war ich verloren. Mein Freund, Weißer Hirsch, war unter den Verfolgern.

Ich hatte ein ausgezeichnetes Pferd und einen guten Vorsprung, da aber kamen noch mehr – ich war eingeschlossen!

Es blieb mir nichts anderes übrig, als mich nach Norden zu wenden. Ich ritt über einen rutschigen Hang in eine große Erdsenke hinunter und stellte mich dort auf. So konnte ich den Rand der Böschung mit meinen Pfeilen erreichen, und die Feinde konnten nur einzeln zu mir vordringen. Im Sturm würden sie meine Stellung nicht nehmen: das wäre gegen die indianische Kampfart gewesen; vermutlich würden sie versuchen, mich auszuhungern. Sie schrien und schossen über meinen Kopf hinweg, um mich zu schrecken und mich zur Übergabe zu zwingen; ich aber blieb still und rührte mich nicht.

Die Nacht brach herein, und der Mond leuchtete still und klar. Überall war es hell, nur nicht da, wo ich halb erfroren stand und nicht wagte, mich zu rühren. Schwarz und eisig war die Schlucht, und um mich herum heulten die Wölfe.

Endlich hörte das Pferdegetrappel auf. Alles war ruhig, aber noch wagte ich mich nicht hervor. Ich muß wohl mit der Zeit etwas eingeschlafen sein, denn der Morgen dämmerte bereits, als ich in der Ferne Kriegsgeschrei hörte und dazwischen meinen eigenen Namen vernahm.

›Sujamani, tokiya nunka huwo! Sujamani, wo bist du?‹ riefen sie. Einige unserer Krieger waren mir entgegengekommen. Ich konnte kaum gehen, als ich herauskam, aber sie füllten die Pfeife und reichten sie mir in

Anerkennung meines glücklich bestandenen Abenteuers. Laut erschallten ihre Kriegs- und Heldenlieder, während sie mich zur Festung begleiteten, wo ich dem Kommandanten meine Briefe ablieferte.«

Tum, tum, tum! tönte die große Trommel. Sujamani erntete noch einmal Lob und Anerkennung für seine Heldentat.

Dann fuhr er fort: »Schunka Tamahetscha hat jedoch recht behalten. Der Große Vater hat mir nie eine Belohnung oder irgendeinen Vorteil für den Dienst, den ich ihm erwiesen habe, zuteilwerden lassen. Dennoch ist mir Ehre widerfahren. Mein eigenes Volk hat mich nicht vergessen, ungeachtet dessen, daß ich meine Dienste einem Weißen geleistet hatte.«

Das Hundegrab

Der Vollmond stand senkrecht über der Hochgebirgskette. Ein bläulicher Nebelring umgab ihn, und man hatte den Eindruck, als sei er an dem klaren, blauschwarzen Dezemberhimmel angefroren.

Ein Wildsucher ging langsam heimwärts. Er war fest in seine Büffeldecke gehüllt, und Bogen und Köcher hingen ihm lose von der Schulter herab. Seine großen Schneeschuhe machten ihm das Gehen sehr beschwerlich, denn der Schnee lag hoch, und die Kruste trug ihn nicht.

Endlich erreichte er das so sehr ersehnte Ziel: die Anhöhe vor dem letzten Abstieg. Welch einen fast übermenschlich weiten Marsch hatte er an diesem Tage zurückgelegt! Roch das nicht nach Feuer und gebratenem Büffelfleisch? Doch halt! Uraltem Brauch folgend, mußte er als Wildspäher erst das Wolfsgeheul anstimmen, ehe er ins Lager hinabeilte.

Und wie er heulte! Das Geheul eines wirklich ausgehungerten Wolfes hätte dagegen nur wie das Geschrei eines Coyoten geklungen. Die Jäger unten wußten nun, daß ihr Kundschafter mit guter Botschaft heimkehrte. Ein erfolgloser Wildspäher betritt das Lager schweigend.

Dann ein zweites Geheul, um die Lauscher zu versichern, daß sie sich nicht getäuscht hatten. Die grauen Wölfe verstanden diese Nachricht auch. Sie hieß: Futter! »U–u–u–u! u–u–u–u!« tönte es von allen Seiten, besonders von der gegenüberliegenden Höhe. Welch ein Leben plötzlich in der gespenstisch stillen Nacht!

Schnell eilte der Kundschafter die Schlucht hinab. Eben wollte er noch eine kleine Höhe überschreiten, da saß ein riesiger Wolf vor ihm und schaute ihn ruhig an.

»Guten Abend, guten Abend, Freund!« rief ihm der Jäger im Vorbeieilen zu.

Im Lager herrschte unter den Jägern bereits große Aufregung. Einige zogen ihre Büffeldecken so über, daß man sie selbst für Büffel hätte halten können, und stampften und scharrten im Schnee herum. Andere sangen das Büffellied; damit wollten sie die Geister der Büffel anlocken, damit sie in den Bereich des Lagerfeuers kämen. Auch der Kundschafter sang mit leiser, tieftönender Stimme das Büffellied, als er sich dem Lager näherte. In Pfeilschußweite von den Zelten wartete er dann, während die Vorbereitungen zu seinem Empfang getroffen wurden. Als er dann eintrat, wurde ihm von den Anführern des Clans ein bevorzugter Platz angewiesen.

»Ich habe einen langen Weg hinter mir«, sprach er, »doch es waren keine besonderen Schwierigkeiten zu überwinden. Ich fand die erste Herde nördlich von hier, die zweite, eine sehr große, nordöstlich, in der Nähe des Shell Lake. Der Schnee liegt tief. Die Büffel können ihrem Leittier nur innerhalb ihres Zufluchtsortes folgen.«

»Hi, hi, hi!« riefen die Jäger feierlich. Dabei erhoben sie die Hände gen Himmel und senkten sie dann zur Erde, zum Zeichen ihrer Dankbarkeit.

»Ho, Koda, Freund! Noch eine Runde mit der Büffelpfeife, dann wollen wir uns zur Ruhe legen und morgen vor Tagesanbruch zur Jagd aufbrechen«, schlug einer der

Anführer vor. Feierlich wanderte die langstielige Pfeife im Kreise herum, und dann suchte einer nach dem anderen mit einem gewichtigen »Ho!« seine Behausung auf.

Der Kundschafter ging in sein kleines altes Büffelzelt, das er nur auf Winterreisen benutzte. Sein treuer Hund, Schunka, der während seiner Abwesenheit allein darin gehaust hatte, begrüßte ihn freudig am Eingang.

»Ho, mein Schunka, hier, friß! Du mußt sehr hungrig sein.« Damit gab der Mann dem Tier das letzte Stück trockenes Büffelfleisch. Nach dem ausgiebigen Schmatzen und Lecken zu urteilen, war es das köstlichste Mahl, das je einem Hunde zuteil geworden ist.

Bald lag alles in tiefem Schlaf. Man hörte nur, wie die Ponys an ihren Pappelrinden nagten, die sie im Winter statt Heu erhielten.

Rund um den Muschelsee standen die Büffel in großen Herden. Untrügliche Zeichen hatten ihnen schlechtes Wetter prophezeit. Der Mond trug den Regenbogenschmuck des Himmels. Der knirschende Schnee unter ihren Hufen warnte sie. Wurde das Wetter rauh, so zogen diese vorsichtigen Tiere dem See zu. Dort gab es üppiges Rohr, Binsen und dickes Gras, in dem man sich bergen konnte, oder auch Quellen, wenn der See längst gefroren war.

Als sich der Jagdspäher Wapascha, die Rote Adlerfederhaube, in seine warme Büffeldecke gerollt hatte und bereits fest schlief, erhob sich sein treuer Jagdgefährte, der große Eskimo-Wolfshund, wieder von seinem Lager, reckte sich und stand nachdenklich einen Augenblick still. Oh, er wußte sehr wohl, was er wollte; aber wie es sicher und heimlich tun? So ist die Natur der Hunde, und nächtliches Umhertreiben ist ihre größte Freude, vielleicht das Geheimnis ihres Lebens.

Leise schlich er aus dem Zelt und hielt vorsichtig Ausschau, ob ihn auch niemand bemerke. Argwöhnisch schnüffelte er in der Luft. War auch für seinen Herrn während seiner Abwesenheit keine Gefahr zu befürchten?

Alles schien in Ordnung. So trottete er in der schneidenden Kälte durch die Nacht. Der Mond war klar; sein glänzendes Licht ließ den Schnee gleich Edelsteinen gleißen und schimmern.

Schunka war groß und sehr stark. Sein tiefschwarzes Fell war jetzt völlig mit Reif bedeckt. Er nahm seines Herrn Spur auf und folgte ihr. Manches Tier begegnete ihm, keines aber wagte sich an ihn heran.

Endlich erreichte er den Muschelsee und erblickte die Büffelherden. Sie standen, wie riesige Felsblöcke, in Haufen beieinander, jetzt nicht mehr schwarz, sondern weiß von Frost und Reif. Schunka setzte sich nieder und spähte. »Da stehen sie also«, dachte er.

Bei Tagesgrauen kehrte das Tier geräuschlos in das Zelt seines Herrn zurück und fand ihn bereits bei den Vorbereitungen zur Jagd. Er füllte seine leichten Mokassins, die er wie Strümpfe benutzte, mit Büffelhaar und zog darüber die großen Büffelhautmokassins, mit der Fellseite nach innen. Dann zog er seine warmen Lederhosen an, brachte seine Schneeschuhe in Ordnung und füllte den Köcher mit Pfeilen. Der Hund lag ganz still in einer Ecke und machte sich so klein wie möglich, damit ihn sein Herr nicht sähe.

»Ho, ho, ho, Koda, enakani! Freunde, eilt, eilt!« rief einer der Männer der Bisonpolizei. »Frühmorgens jagt sich's am besten! Dann können die Geister der erlegten Tiere ihren Flug bei Tagesanbruch antreten!«

Die Schneeschuhe wurden festgebunden. Zu essen gab's nichts mehr; so verlor man also keine Zeit mit der Morgenmahlzeit.

Bald folgten die Jäger in langer Reihe, jeder begleitet von seinem treuen Hunde, der Spur des Jagdkundschafters. Nach knapp zwei Stunden standen sie auf der flachen Hügelkette, die den Muschelsee im Süden begrenzt. Auf dem schmalen Landstreifen, der den See in zwei Teile teilt, drängten sich Hunderte von Bisons. In den angrenzenden Schluchten, zwischen den dunklen Linien der Berge, standen auch noch verstreute kleinere Gruppen; für die Jäger aber waren die auf der Halbinsel am vorteilhaftesten.

»Hetschetu, Koda! Das ist gut, Freunde!« rief einer. »Treiben wir sie über das glatte Eis in die Sümpfe. Dann erlegen wir mehr! Wir brauchen's!«

»Ho, ho, ho!« stimmten alle Jäger zu. »Dabei nützen uns auch unsere Hunde am besten. Sie können die Bisonkühe einschüchtern und erschrecken«, bemerkte ein Alter.

»Ugh! Er hat recht«, sagte ein dritter. »Sie kriegen ihr Fleisch so gut wie wir, dafür müssen sie auch tüchtig helfen!«

»Tosch, Koda! Der Kundschafter hat den größten Hund und den klügsten. Er muß die Hunde anführen. Wir kriechen währenddessen an der gegenüberliegenden Seite hinauf und kreisen die Büffel auf dem glatten Eis und in den Sümpfen ein«, schlug einer vor. So wurde es gemacht.

»U–u–u!« tönte Wapaschas heiserer Angriffsruf. Wütend kläfften und heulten die aufgeregten Hunde mit. Mit einem Mal war die ganze Büffelherde in Panik. Die einen rasten hierhin, die anderen dorthin. Die meisten irrten ziellos umher. Nur wenige setzten sich zur Wehr, doch der Schnee lag zu hoch, als daß sie die Hunde hätten verfolgen können. Das war nur auf dem Eis möglich, wo der Wind den Schnee fortgewirbelt hatte; aber da war es wiederum zu glatt. In ihrer Aufregung und Verwirrung rannten die Tiere auf diese unsichere Ebene hinaus. Die schweren massigen Leiber, die einander aufs Eis drängten, schossen oft über den See hinaus, und viele gerieten in die schneebedeckten Sümpfe. Der Kundschafter und sein tapferer Schunka führten die Hundeschar an, die mit wildem Geheul daherstürmte. Als das Gros der Herde endlich das gegenüberliegende Ufer erreicht hatte, lagen viele durchbohrt von Pfeilen, schwarzen Grabhügeln gleich, auf der eisigen Fläche.

Es war eine großartige Jagd! »Nun haben wir wieder genug zu essen und werden bis zum Frühjahr nicht hungern!« dachten die Männer.

Lautes Freudengeschrei ertönte vom Ufer her. Wapascha zog sein großes Messer aus der Scheide und begann das Wild auszuweiden, obwohl die überlebenden Tiere eben erst hinter den Hügeln verschwunden waren. Die Hunde waren alle zu ihren Herren gelaufen; so war Schunka mit seinem Gebieter allein. Einige Männer richteten in einer Schlucht unter den Bäumen ein Lager her; dort sollte, ehe man heimkehrte, gegessen werden.

Alles war eifrig bei der Arbeit. Man zog die Felle ab und zerlegte das Fleisch in Stücke. Da – plötzlich bemerkte ein Jäger einen verdächtigen Wetterumschlag, und sofort alarmierte er seine Gefährten.

»Es kommt ein Schneesturm, schnell in den Wald!« rief er ihnen zu. Einige hörten ihn, andere nicht. Schnell wurde Reisig gesammelt, Feuer angezündet und das Fleisch gebraten. Wie herrlich schmeckte es den vor Hunger und Frost halbtoten Männern! Im Nu aber tobte der Schneesturm. »U–u!« rief man laut durch das Schneetreiben, damit die, die das schützende Lager noch nicht erreicht hatten, es finden konnten. Einer nach dem anderen tauchte aus den dichten Schneemassen auf, nur Wapascha und sein Schunka fehlten.

»Ängstigt euch nicht um unseren Kundschafter!« sagte endlich ein Anführer. »Der ist tapfer und erfahren. Er hat ein gutes Versteck gefunden und kommt zu uns, sobald der Sturm aufhört.«

Dann wickelten sie sich in ihre Decken und legten sich nieder zum Schlafen.

»Ho, ho! Koda, Freund, steh auf!« Damit weckte der erste, der erwachte, am anderen Morgen seine Kameraden.

Wie immer nach einem Sturm herrschte große Ruhe; es war so still, daß man deutlich die trippelnden Füßchen der weißen Präriehasen hören konnte; sie kamen den Abhang zu den Weiden herab, um Futter zu suchen. Auf der Prärie war die ganze Pflanzenwelt in tiefstem Schnee begraben.

Präriewölfe und die großen grauen Wölfe heulten und tummelten sich auf dem Eise.

»Seht, seht! Die hungrigen Wölfe zerren die Büffelleiber fort! Hört, hört! Schunka ruft! Schnell, schnell, schnell!« tönte es von allen Seiten.

Fort rannten sie, hinaus auf den See, bald auf dem blanken Eis schlitternd, bald auf dem gefrorenen Schnee laufend. Es waren sehr viele Wölfe da, die meisten am unteren Ende des Sees. Man hörte Schunkas heiseres Gebell, dazu eine Männerstimme; sie klang, als käme sie unter dem Eise hervor.

Als sie die Stelle erreichten, an die die Wölfe zwei Kadaver geschleppt hatten, sprang Schunka von dem einen herab aufs Eis. Die Jäger schlitzten das gefrorene Fell des toten Büffels auf und fanden innen ein warmes Nest von Heu und Büffelhaar, in dem Wapascha wohlgeborgen lag. Er war, um sich gegen den Sturm zu schützen, in einen Kadaver gekrochen und hatte seinen Hund in einen anderen gesteckt; der Hund aber war klüger als sein Herr: er hielt seinen Eingang offen. Der Mann jedoch schlug die Ränder des Felles übereinander; da fror es fest zu und schloß ihn ein. Als die hungrigen Wölfe kamen, sprang Schunka schnell aus seiner Fellhöhle und hielt sie so lange wie möglich fern; trotzdem gelang es ihnen, seinen Herrn in dem Kadaver über das Eis zu zerren. Der treue Hund kümmerte sich nicht um die eigene Sicherheit, sondern bewachte seinen gefangenen Herrn, bis die Jäger zu Hilfe kamen. Für ihn aber kam die Hilfe zu spät; zu Tode verwundet sank das Tier nieder.

Sobald Wapascha herausgeschlüpft war, rief er angstvoll aus: »Wo ist mein Schunka, mein Tapferer?«

»Ja, Freund, ihm ist nicht mehr zu helfen, da liegt er!« erwiderte ihm traurig einer der Jäger.

Wapascha kniete neben seinem toten Hund nieder und streichelte ihm sanft den Kopf. »Ach, Freund, du gehst dahin, wo alle Geister leben! Das Große Geheimnis hat eine Heimat für alle. Mögen wir uns dort wiedersehen!«

Bei Tagesanbruch trug Wapascha seinen Hund auf einen kleinen Hügel, von dem aus man den See überblikken konnte, und baute um ihn herum einen kleinen Steinwall. Er streute nach Indianersitte rote Farbe über den Schnee und sang ihm ein Abschiedslied.

Seit jenem Tage trägt der Platz bei den Sioux den Namen: Schunka hamakapi, das heißt: das Hundegrab.

Nachwort

Wir greifen nach allem,
aber fassen nur den Wind
(Montaigne, Des Cannibales)

So vielfältig die Erscheinungsformen sind, in denen uns der »rote Mann« – trotz aller Schematisierung – aus der Indianerliteratur entgegentritt, so einfältig ist das Bild der *»Squaw«*, das wir uns von der Indianerin gemacht haben. Im klassischen Wildwestroman zählt nur der tapfere Wilde als roter Bruder oder heimtückischer Gegner des weißen Pioniers, in ihrer Reinform beide frauenlos: der Weiße geradezu auf der Flucht vor Frauen, der Indianer – falls er ein edler Vertreter seiner Rasse ist – als geschlechtsloses Wesen oder – falls er zu den Bösen gehört – als skrupelloser Lüstling, der sich einen Harem roter Sklavinnen im Zelt hält und vor der Schändung unbefleckter weißer Frauen keineswegs zurückschreckt. Und was erfahren wir von der Indianerin, von *Unkas'* Mutter, *Chingachgooks* Frauen oder den *Delawaren*-Mädchen »mit ihren langen schwarzen Locken«, von *Nscho-tschi, Winnetous* Schwester, von all den roten »Müttern, die sich des ehrenvollen Todes ihrer Söhne rühmten«, den roten »Weibern, die den Ruhm ihrer Männer verkündeten und auf deren Narben zeigten«, den »indianischen Mädchen, welche die jungen Männer im Triumphgesang belohnten«[1]? Nicht mehr, als in solchen Zitaten mitgeteilt wird, und nicht etwa, weil der ethnographische Roman ad usum delphini konzipiert oder zurechtgestutzt worden wäre: Vielmehr widersprach es dem regressiven Grundzug der Zivilisationsflucht im Zeichen Coopers wie auch des homoerotisch gefärbten Edelmenschenbildes eines Karl May, dem unerschrockenen roten Helden – dessen Bedürfnislosigkeit ja nicht von ungefähr so gepriesen wurde – ein weibliches Äquivalent zur Seite zu stellen; »La Belle Sauvage«, die Indianerprinzessin der amerikanischen Trivialliteratur, hat im typischen Indianerroman niemals Eingang gefunden, nicht erst, weil sie als jugendgefährdend, sondern bereits, weil sie – eine »dunkle Diana aus dem Wald, eine Jägerin keusch und schön«[2] – als männergefährdend empfunden wurde.

Obwohl die sinnliche und grausame Indianerkönigin, die barbusige Amazone mit der Federkrone und dem Rock aus Tabakblättern, mit einem Fächer in der Linken und einer Keule in der Rechten, jahrhundertelang Sinnbild Amerikas war, kennen heutzutage nicht einmal mehr viele Amerikaner die Namen, die der mythischen Mutter des Kontinents im Laufe der Geschichte gegeben wurden – vielleicht eben noch *»Pocahontas«*, den Namen jener Häuptlingstochter aus den Wäldern Virginias, die der Legende nach ihr Volk aus Liebe zu einem Weißen verriet; vielleicht noch *Sacajawea (»Vogelfrau«)*, das Mädchen vom Stamme der *Shoshone*, das als Dolmetscherin im Dienste der Expedition von Lewis und Clark 1804 als erste Frau Amerika bis zum Pazifik durchquerte und nach dem nicht nur ein Fluß, ein Berg und ein Paß benannt worden sind, sondern auch Motels und schäbige Kleinstadt-Cafés; und schließlich wird sich vielleicht noch der eine oder der andere auf Namen besinnen, um die sich vor Zeiten sentimentale Balladen rankten und

Geschichten vom Hörensagen – *Minnehaha, Nokomis* oder *Winona*.

Wer nach dem historischen Gehalt solcher Legenden sucht, der findet in den Schilderungen von Chronisten und Entdeckungsreisenden, in Missionsberichten oder Aufzeichnungen von Pelzhändlern und »Mountain Men« nur karge und schemenhafte Hinweise auf die Mythenstifterinnen; zu gering war das Interesse an ihren Eigenarten, zu borniert und zweckbestimmt die Bereitschaft, sie wahrzunehmen, gar von ihnen zu lernen. Was die weißen Usurpatoren von ihnen begehrten, waren Vermittler- und Übersetzerdienste, Sklavendienste, »Liebesdienste«, und so wurde im Handumdrehen aus der Waldgottheit die dunkelhäutige Hetäre. »Hermosa como diosa« (lieblich wie eine Göttin) erschien den spanischen Soldaten, die das *Azteken*-Reich zerstörten, die indianische Geliebte ihres Kapitäns Cortez, *Malinche* (oder auch *Malintzin*) mit Namen, die dieser zusammen mit weiteren ausgewählten Schönheiten von den ihm ergebenen Häuptlingen von *Tabasco* als Morgengabe erhalten hatte. Sie war eine Häuptlingstochter aus *Jalisco*, in Kriegszeiten geraubt, verschleppt und auf dem Markt von *Xicalduco* vom Kaziken von *Potonchan* aufgekauft; sie beherrschte die Sprache von Cortez' Gegnern, die seiner Verbündeten und das Kastilisch der Eroberer; sie war von blendender Schönheit, taktischer Flexibilität und rhetorischem Geschick und für die Spanier offenbar unentbehrlich. Sie warnte sie vor Aufständen und Überfällen; sie wußte ihren eigenen Stammesgenossen zu schmeicheln, ihnen trügerische Versprechungen zu machen, sie einzuschüchtern; sie ließ sich taufen, wurde als

»Doña Marina« von den weißen Söldnern verehrt, und wenn immer Cortez mit den Mexikanern verhandelte, so geschah dies – wie sein Sekretär festgehalten hat – »durch Doña Marina«. Sie war es schließlich, die *Montezuma* dazu überredete, sich in die Hände der Spanier zu begeben, sich dem Tode auszuliefern.

Starke Göttin, willfährige Liebhaberin und wendige Verräterin – nicht mehr und nichts anderes berichten uns die Chronisten, wenn wir nach den Charakterzügen der Indianerin suchen: *Pocahontas* soll das blonde Haupt von Captain John Smith vor den Keulen der Krieger ihres Vaters, des Häuptlings *Powhatan*, gerettet und die Ansiedlung ihres weißen Geliebten vor einem drohenden Angriff der Indianer gewarnt haben, bevor sie im Jahre 1613 den Tabakpflanzer John Rolfe heiratete, der dann drei Jahre später mit ihr am englischen Hof auftauchte.[3]

»Catherine«, die Geliebte des Majors Henry Gladwin, ein Mädchen vom Stamm der *Chippewa*, vereitelte *Pontiacs* geplanten Überraschungsangriff auf Detroit. Der Verrat einer Indianerin bewahrte das Franzosen-Fort Rosalie vor der Zerstörung durch die *Natchez*. *Weetamo*, die »Königin von *Pocasset*«, verriet *Metacomet*, dem es 1675 für kurze Zeit gelang, die Stämme zwischen Maine und Connecticut gegen die vordringenden Kolonisten zu vereinen, und wechselte zu den Engländern über. Der Historiker Garcilaso de la Vega verfolgt die Reihe der »Verräterinnen« zurück bis zur Epoche De Sotos und Pizarros.

Allzu viele atavistische Muster des weißen MANNES sind in dieser mythischen »Schönheitengalerie« ineinander verwoben, als daß sich dahinter auch nur an einem einzigen Punkt die geschichtliche Grundlage der imaginären Porträts entziffern ließe. Den Hintergrund der Archetypen hat allemal der ur»amerikanische« Alptraum geschaffen: das Schuldbewußtsein jener Menschen, die sich »Amerikaner« nannten, nachdem sie ein Land und seine Bewohner, das bis zu ihrer Ankunft geschichts- und namenlos geblieben war, ausgelöscht hatten. Doch erst in der Endphase des Zusammenstoßes mit den Indianern, in den letzten Jahrzehnten ihres Untergangs, verdrängt diese – meist uneingestandene – Schuld das Bild der Verräterin zugunsten einer hellhäutiger und sanfter werdenden, ja bisweilen engelgleichen[4] Versöhnerin der Rassen, die ihre Identität opfert, um als Märtyrerin und Erlöserin die alte Schuld zu tilgen. *Tekakwitha*, die fromme *Mohawk*-Indianerin (1656-1680), die sich selbst bis aufs Blut kasteite, erschien dem französischen Priester, der neben der Sterbenden betete, im Tode weiß; *Pocahontas* verwandelte sich in patriotischen Balladen und Jungmädchenromanen zur süßlichen Retterin und treuen Gattin[5]; und in den volkstümlichen *Sacajawea*-Legenden wird aus dem kränklichen *Shoshone*-Mädchen[6], das mit etwa 25 Jahren am Sumpffieber starb, eine hundertjährige Mutter Amerikas, die den Untergang ihres Volkes verkündet (gleich *Hiawatha* in Longfellows »Möchtegern-Epos«, wie Leslie A. Fiedler es nennt) und die mit vielsagenden Namen bedacht wird wie: »Verlorene Frau«, »Treue Geliebte« oder »Ging-einen-langen-Weg«.

Meriwether Lewis, der aristokratische Wissenschaftler aus Virginia, Anthropologe und Mitglied der »Amerikanischen Philosophischen Gesellschaft«, beobachtete dagegen mit dem nüchtern-lakonischen Blick des »leidenschaftslosen« Forschers, was immer ihm unter die Augen kam, also auch die kleine hilfreiche Indianerfrau. Doch seine Aufzeichnungen verraten nicht mehr als die dürftigen Mitteilungen jener Weißen, die über die realistischsten Erfahrungen mit den »injins« verfügten, von Trappern und Frontiersleuten, die mit Indianerinnen »à la façon du pays«, das heißt ohne den Segen der Kirche, verheiratet waren und denen es – im Unterschied zu den Wissenschaftlern, wie man meinen könnte – ausschließlich darauf ankam, eine leibeigene Arbeitskraft, Bettgefährtin und Kontaktperson zur Erleichterung des Umgangs mit Indianern zur Verfügung zu haben. Nicht anders als über seinen geliebten Hund oder ein Packpferd schreibt Lewis über die »*Vogelfrau*«: »Wenn sie genug zu essen hat und noch ein paar hübsche Sachen zum Anziehen, würde sie, glaube ich, überall völlig zufrieden sein.«

Ungeachtet der Interpretationsmöglichkeiten, die solche Bemerkungen mehr oder minder »aufgeklärter« weißer Beobachter gestatten, gleich also, ob sie sich dem Unbekannten in freundlicher Herablassung, heimlicher Bewunderung oder – wie es in der Regel geschah – in rücksichtsloser Arroganz und Gleichgültigkeit näherten, so berührt den Fragenden unserer Tage doch seltsam die Wesenlosigkeit des Bildes, das die historischen Augenzeugen nach der historischen Indianerin gezeichnet haben – vielmehr zu zeichnen außerstande waren. Gewiß spürt jedermann, auch ohne Einzelheiten aus dem Schicksal von »Verräterinnen« und »Versöhnerinnen« erfahren zu haben, wie noch im gröbsten Stereotyp der

»lange Tod« des Indianers nachhallt, die Demoralisierung, vergebliche Auflehnung und Anpassung, Resignation und am Ende Todessehnsucht, in die er von den Vertretern der eurozentrischen »Zivilisation« getrieben wurde, ob Mann, ob Frau, ob Kind. Gerade die dunkelsten Erscheinungen von Demoralisierung und Korruption spiegeln nichts anderes als die Moral des weißen Herren und das Verderben, das sich mit dem Tage seiner Ankunft über den Kontinent ausbreitete.

»Wir sehen in den Wilden die schönen Überbleibsel der menschlichen Natur, wie sie bei den polizierten Völkern nur noch in vollkommen korrumpierter Gestalt erscheint«, schrieb 1694 der in Kanada tätige Jesuit Chauchetière und brachte damit nicht nur eine Skepsis gegenüber dem eigenen missionarischen Auftrag zum Ausdruck, der trotz einer bis zur Selbstverleugnung gehenden Anpassung an das nomadische Leben im Sande verlief, sondern auch eine kulturpessimistische Haltung, die fünfzig Jahre später in Rousseaus Kulturkritik einmündete. Darüber hinaus signalisierten solche Äußerungen die Anfänge einer Erkenntniskritik, aus der schließlich die moderne Einsicht in die Fragwürdigkeit ethnologischer Erfahrung hervortrat. Indem aber das wissenschaftliche Verantwortungsgefühl wuchs und das Bewußtsein der forschenden Voreingenommenheit das Instrumentarium der völkerkundlichen Empirie grundsätzlich revidierte und erweiterte, verschwand das historische Objekt der Beobachtung: Die moralischen Fortschritte hatten die wissenschaftlichen nicht einzuholen vermocht.

Wer also heute nach Spuren und Zeugnissen des verschwundenen autochthonen Amerikaners sucht, bleibt ganz und gar auf die Sichtung und Interpretation ethnographischen Materials angewiesen, das in früheren Zeiten – hauptsächlich aber im 19. und 20. Jahrhundert – zusammengetragen worden ist, auf die Berichte von Naturwissenschaftlern und Waldläufern, Händlern und Soldaten, von Farmern, Geistlichen oder Malern, nicht zuletzt aber auch die »Memoiren« und Erzählungen von Indianern, aufgezeichnet von Journalisten und Wissenschaftlern[7] oder in seltenen Fällen von ihnen selbst, wie dies im Falle des *Santee-Sioux Ohijesa*, alias Dr. Charles Alexander Eastman, geschah. Wer indes aus diesen Beschreibungen, Fakten und Dokumenten das Bild der einstigen indianischen FRAU, ihr Wesen und ihre Rolle im indianischen Leben herausfiltern möchte, der sieht sich alsbald in ein fast undurchdringliches Dunkel gestellt, das nur an wenigen Stellen auf irritierende, weil so widersprüchliche und fragmentarische Weise aufgehellt wird. Er erfährt: Die Frauen vom Stamm der *Chipewyan* »haben eine sanfte, glatte Haut; wenn sie saubere Kleider anhaben, riechen sie nicht unangenehmer als irgendeine andere Rasse; doch alles in allem sind sie so bar jeder wirklichen Schönheit wie sonst kein Volk, das ich je gesehen habe, auch wenn einige wenige unter ihnen, solange sie jung, ganz annehmbar aussehen«.[8] Die *Chippewa*-Frauen jedoch sind »schön von Gestalt; sie haben prächtige Zähne und hübsche schwarze Augen, mit denen sie schmachtende Blicke werfen können, wenn sie gefallen wollen«.[9] Ein französischer Missionar schildert die Frauen der *Sioux* als »häßlich und abstoßend«, der amerikanische Händler Nathaniel Wyeth dagegen findet sie »wahrhaft schön«. Im allgemeinen wird das Los der Indianerin als das einer erbarmungswürdigen Sklavin beschrieben: »Das *Sioux*-Mädchen wurde dazu erzogen, die Helferin eines Jägers und die Mutter zukünftiger Jäger zu sein. Sie wurde gelehrt zu nähen, zu kochen, Nahrungsmittel zu konservieren und Zelte zu errichten. Zur gleichen Zeit wurde sie einer rigorosen Übung in der Unterwürfigkeit und der regelrechten Angst vor dem Manne unterzogen. Sie lernte mit gemessenen Schritten zu gehen, niemals bestimmte Grenzen, die rings um das Lager festgesetzt wurden, zu überschreiten und – bei wachsender Reife – die Nächte mit fest zusammengebundenen Schenkeln zu verbringen, um einer Vergewaltigung zu entgehen.«[10] Man erwartete von ihr also nicht nur die Besorgung der gesamten Haus- und Feldarbeit, sondern bei aller Anstrengung und Entbehrung auch noch widerspruchslose Duldsamkeit, Sanftheit, Großzügigkeit, Keuschheit und Treue; die untreue Frau konnte verstoßen, sogar verstümmelt werden[11], während der Verführer sein Vergehen durch Geschenke – meist Pferde – »wiedergutmachen« durfte. Wenige Stunden nach einer Niederkunft ging eine Mutter an ihre Arbeit zurück. Der Naturforscher John Bradbury berichtete, daß *Sioux*-Frauen häufig Selbstmord begingen[12], um ihrem elenden Schicksal zu entfliehen, ja daß sie oftmals weibliche Säuglinge töteten, um ihnen das gleiche Elend zu ersparen.

Andererseits wird immer wieder die zärtliche Liebe der Indianermutter zu ihren Kindern, besonders den Töchtern (deren Erziehung ausschließlich Aufgabe der Frauen war), hervorgehoben. Dann wieder wendet sich der weiße Besucher mit Grausen von den »Untaten« indianischer Frauen ab, denen Gefangene oder Leichname feindlicher Krieger zur Zerstückelung überlassen werden; er diagnostiziert »barbarische Roheit« und »Gefühllosigkeit«. »Ihr ganzes Leben«, schrieb ratlos Charles MacKenzie, ein Pelzhändler aus dem nordwestlichen Waldland um 1800 in sein Tagebuch, »ist ein Leben voller Extreme.«

Betrachten wir jedoch die Tätigkeiten und Wesenszüge der Indianerin nicht mehr nach rein europäischen Wertmaßstäben, berücksichtigen wir etwa die Abstufung weiblicher Ehren, durch deren Gewinnung eine Frau zu Ansehen und Privilegien gelangte, oder die Bedeutung der Frauenbünde bei den Präriestämmen[13], so löst sich das Bild der abgestumpften Sklavin auf, und die geforderten Eigenschaften wie Fleiß, Geschicklichkeit, Bescheidenheit oder Züchtigkeit erhalten ihren Sinn in ihrer Abstimmung auf die parallelen wie auch antagonistischen Ideale des indianischen Mannes. Die »prinzipielle Priorität der Natur über die Kultur, die auch unsere Zivilisation in der Vergangenheit gekannt hat«, schreibt Claude Lévi-Strauss, »setzt sich in den sogenannten primitiven Gesellschaften als ein sehr fest gezimmertes System von Glaubensvorstellungen und Praktiken durch. Derselbe Gegensatz ist es auch, welcher der Arbeitsteilung der Geschlechter die theoretische Grundlage liefert.« Zu ihren konstanten Elementen zählt »die Homologie zwischen dem Gegensatz *Natur/Kultur* und dem Gegensatz *weiblich/männlich*, demgemäß den Frauen solche Tätigkeitsformen vorbehalten sind, die als der Ordnung der Natur zugehörig gelten ...«[14]

Die aber mit der größten Kompetenz über das Leben der indianischen Frau, über deren Tätigkeiten und Vorstellungen, Wünsche und Ängste, Freuden und Mühsale hätten berichten können – die Indianerinnen selbst –, sind in den »Old Indian Days«[15], den Tagen vor der Vertreibung und Internierung, stumm geblieben. Um so wertvoller sind für die Nachgeborenen, die ihre Spuren suchen, Indianer-Erinnerungen wie die, welche *Ohijesa* für seine »zivilisierten« Töchter zu Papier gebracht hat, selbst wenn er seiner Niederschrift die »weißen« Maßstäbe der »weißen« Welt, in der er lebte, zugrunde legte.

Die letzte lebende Indianerin aus *Ohijesas* Generation, die 109 Jahre alte *Chippewa*-Frau Nancy Losh, wurde 1976, im Jahr der 200-Jahr-Feiern der USA, von einem Reporter aufgesucht, der sie über ihr Leben befragen wollte. Da sie selbst nicht mehr »zusammenhängend« erzählen konnte, schrieb eine ihrer Urenkelinnen für die Nachwelt einen »Lebenslauf«:

»Sie wurde in einem *Wigwam* am Taubenfluß am 15. November 1867 geboren. Als Mädchen war sie eine große Jägerin und Fallenstellerin. Als sie zwanzig war, schoß sie einen Elch. Später heiratete sie William Losh, Pfarrer der Episcopal Church. Sie gebar sechzehn Kinder und erzog sie im Glauben ihrer Kirche, aber sie lehrte sie auch die indianischen Legenden und ihre eigene Familiengeschichte. Alljährlich nahm sie teil bei der Ernte von wildem Reis und Ahornsirup. Sie gerbte Hirschhäute und bestickte sie mit Perlen. Ihre Kinder lernten von ihr die indianische Lebensweise, und sie hielt sie dazu an, an den rituellen Tänzen teilzunehmen. Sie ist die älteste von fünf Generationen. Sie hat 21 Enkel, 73 Urenkel und 8 Ururenkel.

Wenn sie weint, bringen ihre Kinder etwas, auf dem sie einen Rhythmus schlagen kann, zum Beispiel eine Kleenex-Schachtel. Sie singt dazu in der Sprache ihres Stammes, und meist versiegen dann ihre Tränen.«

Anmerkungen

1 Cooper, Die Prärie (München 1939, S. 769).

2 Leslie A. Fiedler, Die Rückkehr des verschwundenen Amerikaners, S. 76.

3 Dort wurde die »Indianerprinzessin« zur Sensation des Winters 1616/17. Man bewunderte ihre Anmut, bestaunte ihre leichte Auffassungsgabe, porträtierte sie in der Hoftracht mit großem Spitzenkragen und schwarzem Hütchen. »Dagegen wurde Rolfe eröffnet, er habe sich bei Jakob I. durch seine Heirat mit einer Frau aus königlichem Geblüt mißliebig gemacht. Der Stuart befragte den Thronrat, ob da nicht ein Grund zu einem Hochverratsprozeß vorliege, und John Rolfe mußte das Versprechen abgeben, keine Ansprüche auf den Thron von Virginia für den Sohn zu erheben, den ihm *Pocahontas* geschenkt hatte. Er wurde freigesprochen, beeilte sich aber, tief betroffen, seine Frau nach Amerika zurückzubringen. Das Ehepaar wartete in Gravesend ein abfahrendes Schiff ab. Da fing die arme kleine *Pocahontas* zu husten an, spuckte Blut und starb binnen weniger Tage.« (R. Cartier, Europa erobert Amerika) Sie wurde 22 Jahre alt.

4 »Wenn eines Mannes Stern verweht/Ein Engel kniet als Mädchen/Das für ihn zum Himmel fleht«, heißt es in einem *Pocahontas*-Gedicht von George P. Morris.

5 Die deutsche Version ist als Backfischroman unter dem Titel »Die rote Lady« 1958 von Anna Müller-Tannewitz verfaßt worden; seit 1974 ein erfolgreiches Taschenbuch.

6 *Sacajawea* wurde als Kind von den *Hidatsa* geraubt, doch von einer gefangenen *Shoshone*-Frau erzogen; ein franco-kanadischer

Trapper namens Charbonneau kaufte sie und verdingte sie als Dolmetscherin an die Lewis/Clark-Expedition. In deren Tagebuch wird sie immer wieder erwähnt als Liebling aller Männer. Ihr größter Wunsch soll es gewesen sein, den Stillen Ozean und einen leibhaftigen Walfisch zu sehen. Als die Expedition am Fuße der Rocky Mountains auf *Sacajaweas* Stamm traf, brach sie in Tränen aus. Nach ihrem Tod im Jahre 1812 adoptierte William Clark ihre beiden Kinder. Ihren Sohn Baptiste nahm Prinz Paul von Württemberg 1823 mit nach Europa, wo er als roter Wunderknabe bestaunt wurde: Er sprach Englisch, Französisch, Italienisch und Spanisch; er konnte Flamenco tanzen, Biber fangen und über französische Philosophie diskutieren.

7 Herausragendes Beispiel: die von dem amerikanischen Anthropologen Paul Radin nachgeschriebene Lebensgeschichte des *Winnebago*-Indianers *Crashing Thunder* (1920).

8 Samuel Hearne, A Journey from Prince of Wales's Fort ... (Toronto 1911).

9 Louis Masson, Les Bourgeois (d. i. Leiter von Handelsniederlassungen) de la Compagnie du Nord-Ouest (New York 1960).

10 Erik H. Erikson, Kindheit und Gesellschaft (Stuttgart 1965, S. 140).

11 Bei einzelnen Stämmen der nördlichen Plains, auch bei den *Comanche*, war es Brauch, der untreuen Frau die Nase abzuschneiden.

12 R. G. Thwaites, Early Western Travels, 1784-1815 (Cleveland 1904-1907); Bradbury sagt, sie suchten sich dafür möglichst kleine Bäume aus, weil sie glaubten, sie müßten diese auch noch durch die »Geisterwelt« schleppen.

13 Am bekanntesten der Bund der *»Weißen Bisonkühe«* bei den *Mandan*, deren Tanz Karl Bodmer gemalt hat.

14 C. Levi-Strauss, Strukturale Anthropologie II (Frankfurt a. M. 1975, S. 360).

15 Originaltitel des vorliegenden Buches *»Winona«*.

Bibliographische Hinweise

Urs Bitterli, Die ›Wilden‹ und die ›Zivilisierten‹ (München 1976)

Leslie A. Fiedler, Die Rückkehr des verschwundenen Amerikaners (Frankfurt a. M. 1970)

Ruth Landes, The Ojibwa Woman (New York 1938)

Nancy Oestreich Lurie (Hg.), Mountain Wolf Woman, sister of Crashing Thunder (University of Michigan Press 1961)

Walter O'Meara, Daughters of the Country (New York 1968)

Irene Schuhmacher, Gesellschaftsstruktur und Rolle der Frau bei den Irokesen (Berlin 1972)

Fritz Seidenfaden, Indianische Erziehung (Weinheim/Berlin/Basel 1969)

Anmerkungen und Erklärungen zur deutschen Ausgabe (1920) von Frederick Weygold

1 Die Kindertrage, eine meist mit prachtvollen Perlenstickereien verzierte und an einem Brett oder Stangengerüst befestigte Lederhülle, in welcher der indianische Säugling während seines ersten Lebensjahres auf dem Rücken der Mutter oder am Sattelknopf eines Pferdes getragen wurde, hatte bei verschiedenen Stämmen verschiedene Form. In der Illustration zu dem Kapitel »Langohrs Treue« ist die Kindertrage der westlichen Dakotastämme, in »Ohijésa« diejenige der östlichen Stämme dargestellt.

2 »Das Große Geheimnis« ist die richtige Übersetzung des »Wakan tanka« der Dakota, eines Begriffes, der in der volkstümlichen Literatur über die Indianer ungenau mit »der Große Geist« wiedergegeben wird. Die Indianer verstanden hierunter eine geheimnisvolle Macht mit großem Einfluß auf Natur und Menschen, über deren Bedeutung jedoch die Meinungen der Ethnologen auseinandergehen. Die Auffassung von dieser Macht als einem *persönlichen* Wesen ist wahrscheinlich auf den Einfluß der Weißen zurückzuführen.

3 Der Mokassin ist der pantoffelartige, aus Wildleder verfertigte Schuh der Indianer, welcher bei den verschiedenen Stämmen verschiedene, oft stark voneinander abweichende Formen annimmt. Bei fast allen Stämmen werden die Mokassins mit Stickereien aus farbigen Stachelschweinborsten (Quill) oder Perlen reich verziert. – Solche, wie auch viele andere, zum Teil prachtvolle Stickereien auf Gürteln, Gewändern, Kindertragen usw. in alt-indianischen Mustern sind auch in deutsche Museen gelangt. Besonders das Lindenmuseum in Stuttgart ist reich an Stickereien von den Dakota.

4 Travoi. Das Wort stammt aus dem französisch-kanadischen Trapperjargon. Das hiermit bezeichnete Gerät, eine hauptsächlich zur Gepäckbeförderung dienende, von Pferden oder Hunden gezogene Schleife, kommt bei fast allen das Pferd benutzenden Stämmen in leicht voneinander abweichenden Formen vor.

5 Das Volk der Dakota oder Sioux (sprich: Szuh) ist in sieben große

Stämme gegliedert; daher nennen sie sich auch zuweilen das Volk der Sieben Ratsfeuer (Otscheti Schakouin). Die sieben Hauptstämme sind: Die Mdewkanton, Wahpekute, Wahpeton, Sisseton, Yankton, Yanktonai und die Teton. Alle diese Stämme gliedern sich wieder in zahlreiche Unterabteilungen und diese wieder in Sippschaften. Die Dakota nennen sich im Westen Lakota.

Die Unkpapa- oder Hunkpapasioux waren ein großer, sehr kriegerischer Stamm der westlichen oder Teton-Dakota. Dieser Stamm ist jetzt in der Gegend der ehemaligen Standing Rock Reservation in Nord-Dakota angesiedelt. Die Hunkpatisioux gehörten dem Stamm der Yankton-Dakota an. Die Pabaskasioux sind eine Unterabteilung der Yanktonai.

Die in diesen Erzählungen außer den Dakota genannten Indianerstämme sind vornehmlich:

Die Ute (sprich: Juth), heute in Colorado und Utah; die Crow, d. h. Krähenindianer, ein kleinerer Stamm im heutigen Montana; die Arikara oder Ree (sprich: Rih); die Hidatsa oder Gros Ventre und die Mandan. Diese letztgenannten drei, seit unvordenklichen Zeiten miteinander verbündeten und in festen Dörfern nahe beieinander lebenden Stämme wohnen heute noch, obwohl unter sehr veränderten Lebensbedingungen, in ihren alten Wohnsitzen auf der Fort Berthold Reservation nahe Bismarck, der Hauptstadt des Staates Nord-Dakota.

Die Sac- (auch: Sank-) und Foxindianer, zwei ehemals sehr kriegerische, zur Algonkingruppe gehörige, jetzt zu einem Volk vereinigte Stämme, bewohnen heute zwei kleine Reservationen in Oklahoma und Iowa.

Gegen alle obengenannten Stämme lagen die Dakota fast fortwährend im Kriege. Die Veranlassung dazu waren meist Übergriffe auf benachbarte Jagdgründe oder Pferdediebstähle.

6 Wampum nannte man das Muschelgeld, das im 17. und 18. Jahrhundert im Handelsverkehr der englischen und holländischen Kolonien mit den Indianern in Gebrauch war. An der atlantischen Küste der späteren Vereinigten Staaten hatte das Wampum meist die Gestalt von kleinen Zylindern von ca. 1 cm Länge und ca. ¼ cm Durchmesser, welche mühselig aus dem Kern bestimmter Muscheln geschnitten oder geschliffen und der Länge nach durchbohrt wurden. Diese kleinen Muschelzylinder wurden auf Schnüre aufgereiht.

An der Küste des Stillen Ozeans hatte das Wampum meist die Form von kleinen, in der Mitte durchbohrten Muschelscheiben, oder es wurden die kleinen Dentolienmuscheln in ihrer natürlichen Form als Muschelgeld oder auch als Schmuck gebraucht. Besonders diese letztere Form des Wampum wurde durch den Handelsverkehr der Indianerstämme untereinander oft bis weit ins Innere des Landes gebracht.

7 Der Wapiti entspricht etwa dem europäischen Rothirsch, doch wird ersterer bedeutend größer als sein europäischer Vetter. Die beiden großen Eckzähne des männlichen Wapitihirsches (cervus canadensis) waren von jeher bei fast allen Indianerstämmen ein sehr begehrter Schmuck der Mädchen und Frauen. Diese Zähne wurden auf den oberen Teil des Kleides reihenweise aufgenäht. Da jeder Bock nur zwei solche Zähne hat, war ein solches Kleid schon in der alten Zeit sehr kostbar. Nachdem in neuerer Zeit der Wapitihirsch fast überall ausgerottet worden ist und besonders, nachdem es auch bei den Weißen Sitte geworden war, diese schönen Zähne als Schmuck (an der Uhrkette) zu tragen, ist der Wert dieser Zähne außerordentlich gestiegen.

8 Der Kleine Missouri ist ein südlicher Nebenfluß des eigentlichen Missouri im jetzigen Staate Nord-Dakota. Diese Gegend ist, wie viele andere in den westlichen Vereinigten Staaten, bekannt durch ihre merkwürdigen Hügelbildungen, welche infolge der mineralischen Bestandteile des Erdreichs die buntesten Farben (besonders Gelb, Orange, Rot und Violett) in horizontalen Streifen zeigen.

9 Solche Anreden an Tiere, welche oft den Charakter von Gebeten annahmen, besonders wenn man dieselben für die Vertreter oder für die Verkörperung von geheimnisvollen Naturkräften hielt (wie zum Beispiel den Bären, die Schlange und bei den östlichen Waldindianern die Schildkröte), waren sehr bezeichnend. Man glaubte, daß die Tiere solche Anreden verstehen könnten. Dieser Glaube an das geheimnisvolle Wesen und an die geheimnisvollen Kräfte der Tiere erklärt auch zum Teil die indianische Sitte, den Menschen Tiernamen zu geben.

10 Der Coup (sprich: Kuh) – das Wort stammt aus dem Jargon der französisch-kanadischen Waldläufer und Fallensteller und bedeutet »Schlag« – bezeichnet im engeren Sinne nur das Berühren eines Gegners mit der Hand, einer Peitsche oder einem Coup-Stock und war ein Beweis der Tapferkeit und des Mutes unter dem Feuer der Feinde. Es ist auch dem Verfasser dieser Anmerkungen von alten indianischen Krie-

gern öfter versichert worden – entgegen den landläufigen Ansichten der Weißen –, daß ein solcher Coup von den Indianern immer viel höher geschätzt wurde als etwa das Töten und Skalpieren möglichst vieler Feinde.

Die Feststellung ist nicht unwichtig zur richtigen Bewertung der sittlichen Anschauungen dieser Völker, welche von den Weißen bisher vielfach mißverstanden worden sind.

11 Die Ojibway (auch: Chippewa), von den Dakota Chachatonuan genannt, d. h. »die an den Wasserfällen (des oberen Mississippi) wohnen«, die Erzfeinde der Dakota, gehören zur großen Völkerfamilie der Algonkin und bewohnten die weiten Waldgebiete um den Oberen See. Sie wohnten in dem rundgewölbten, mit Rinde oder Matten gedeckten Wigwam, während das konische, mit Leder oder Leinwand gedeckte Zelt der Dakota Tipi heißt. Durch Pelzhandel mit den Weißen erhielten sie sehr früh Feuerwaffen, die ihnen eine große Überlegenheit gegenüber den benachbarten Bauernstämmen gaben. U. a. die Sioux wurden von ihnen aus dem Waldland nach Westen und Süden vertrieben.

12 Die in diesem Buche genannten Gebirge, Flüsse und Ortschaften liegen größtenteils in dem alten Gebiete des Dakota- (oder Sioux-)Volkes, einem gewaltigen Reiche, das sich vom oberen Mississippi fast bis an die Rocky Mountains erstreckte und die heutigen Staaten Minnesota, Nord- und Süd-Dakota, Montana und Teile von Wyoming und Nebraska umfaßte.

Später, besonders nach den Kriegen mit den Weißen in den 60er und 70er Jahren des vorigen Jahrhunderts, wurden den Dakota-Indianern sogenannte Reservationen, meist in den jetzigen Staaten Nord- und Süd-Dakota gelegen, als Wohnorte angewiesen.

Heute sind auch die meisten dieser Reservationen aufgelöst. Jedem einzelnen Indianer wurden von der Regierung 160 Acker Land zugewiesen, und das übrige Land wurde an weiße Ansiedler verkauft, so daß bis 1930 von dem insgesamt zugesprochenen Restland auch nur noch ein Drittel übrig war. Dafür liegt jetzt im Schatzamt zu Washington Geld, das diesen Indianern als Entschädigung für die abgetretenen Ländereien gehört. Die Zinsen dieses Geldes werden von der Regierung zur Anschaffung von Zugtieren, Vieh, Wagen, für den Bau von Schulen in den Reservaten, für Lehrergehälter und dergleichen ausgegeben. Die Dakota zählen heute ungefähr 30 000 Seelen. Die einstigen

Büffeljäger beschäftigen sich vorwiegend mit Ackerbau und Viehzucht. Viele arbeiten auch bei den Eisenbahnbauten oder helfen den benachbarten Weißen bei der Ernte oder beim Hüten der großen Viehherden. Nur die alten Leute, die des Englischen meist völlig unkundig sind und sich nicht an die Lebensform der Weißen gewöhnen können, werden von der Regierung mit Nahrungsmitteln und Kleidung unterstützt.

13 Die Geschichte der Weißen berichtet allerdings etwas anders über die Begegnung des ersten Missionars mit diesen Indianern. Danach war es der Franziskanerpater Hennepin, der im Jahre 1680 am oberen Mississippi von einem Kriegstrupp der östlichen Dakota gefangengenommen und eine Zeitlang in einem ihrer Dörfer festgehalten wurde. Sie behandelten ihn dort recht freundlich. Ein alter Indianer nahm ihn sogar als Sohn an: eine bei fast allen Indianern häufig geübte Sitte, um Ersatz für Verstorbene zu schaffen. Später ließen sie ihn dann wieder nach Quebec zurückkehren.

14 Da jeder »Coup« durch Zeugen belegt sein mußte, ließ sich durch die bloße Aufzählung der bereits vollbrachten Taten die Überlegenheit eines Kriegers demonstrieren.

15 Mit der Ausbreitung des Pferdes in Nordamerika veränderten sich die Lebensgewohnheiten der Indianer grundlegend: mehr materielle Güter konnten transportiert (und damit angehäuft) werden; militärisch waren die Nomaden den Bauern überlegen. Besitz von Pferden wurde bestimmend für das Ansehen des Besitzers; soziale Schichten bildeten sich heraus. Da der gängigste Weg der Aneignung im Raub von Pferden fremder Stämme und Clans bestand, war der Wunsch nach Pferden eine Hauptursache der fortwährenden Kämpfe unter den Plainsindianern.

16 Der Kriegsruf der Prärieindianer ist ein hoher Falsett-Ton, der mit großer Kraft viele Male rasch hintereinander ausgestoßen wird. Der Kriegsruf eines ganzen Indianerkriegstrupps klingt nicht unähnlich dem erregten Gebelfer einer Meute von Jagdhunden, welche auf der Fährte eines Wildes ist oder dasselbe gestellt hat. Dieser Ruf trägt wesentlich dazu bei, den unheimlichen und phantastischen Eindruck einer in rasendem Galopp dahinstürmenden, nackten, bemalten und mit Adlerfedern geschmückten Kriegerschar zu erhöhen.

17 Die Indianer hatten viele Liederarten, die man bei den europäi-

schen Völkern nicht vorfindet. Es gab zum Beispiel Totenlieder, die von den Sterbenden selbst, unmittelbar vor dem Abscheiden, gesungen wurden; Lieder, die der Reiter beim Wettrennen oder auf der Flucht seinem Pferde ins Ohr sang, um es zu schnellerem Laufe anzuspornen; sogenannte Stark-Herz-Lieder, die man sang, um den eigenen Mut oder den Mut anderer anzufeuern, und »Büffellieder«, um auf magische Weise die Büffel herbeizulocken.

18 Der Heilige See, auf den Landkarten: Devils Lake, nach der Sage der Dakota der Mittelpunkt der Welt, liegt im heutigen Staate Nord-Dakota.

19 Bei vielen Indianerstämmen im Gebiete der heutigen Vereinigten Staaten von Amerika, besonders bei den sogenannten Prärieindianern, war es Sitte, daß die Knaben, wenn sie die Schwelle des Jünglingsalters erreicht hatten, sich auf einige Tage in die Einsamkeit der Wildnis zurückzogen. Hier fasteten sie und beteten zu den Gottheiten ihres Volkes, zum »Vater Sonne«, zur »Mutter Erde« oder zu den vier Quellen des Lebens an den vier Ecken der Erde und (wahrscheinlich erst in späterer Zeit) zu dem »Großen Geheimnis«. Infolge der Entkräftung des Körpers und der Überreizung der Nerven stellte sich dann meist bald die erwartete Vision ein. Es erschien dem Jüngling im Traume ein Adler, ein Bär, eine Antilope oder dergleichen. Nach der Rückkehr zu den Seinen suchte sich der Jüngling dann möglichst bald etwas vom Leibe des Tieres zu verschaffen, dessen Ebenbild er in der Vision gesehen hatte: eine Adler- oder Bärenkralle, einen Antilopenhuf oder dergleichen. Diesen Gegenstand trug er fortan als Schutzamulett bei sich. Die oben geschilderte Gebetszeremonie wurde im späteren Leben bei wichtigen Anlässen, zum Beispiel bei schweren Erkrankungen in der Familie, bei drohender Hungersnot oder ehe der Jüngling (oder Mann) in den Krieg zog, wiederholt.

20 Bei den unstet umherziehenden Präriestämmen waren zuverlässige Nachrichten über die Bewegungen der Feinde und des Wildes, besonders über den Aufenthalt und den Zug der Büffelherden (fast der einzigen Nahrungsquelle der Präriestämme) von größter Wichtigkeit. Falsche oder auch nur ungenaue Angaben über die Bewegung einer Büffelherde konnten einen ganzen Stamm leicht in eine wildarme Gegend und damit vielleicht an den Rand des Hungertodes führen. Aus diesen Gründen wurden nur die tüchtigsten und zuverlässigsten Män-

ner für den verantwortungsvollen und oft überaus anstrengenden und gefährlichen Dienst eines Kriegs- oder Jagdkundschafters ausgewählt.

Das zeremonielle Rauchen, welches in den religiösen Handlungen der Indianer eine große Rolle spielt, hatte die Bedeutung eines Rauchopfers und diente hier dazu, die Kundschafter, wie wir sagen würden, eidlich zu verpflichten, ihren Dienst gewissenhaft auszuführen. Bei ihrer Rückkehr fand meist dieselbe oder eine ähnliche Zeremonie statt, durch welche sie verpflichtet wurden, der Wahrheit gemäß zu berichten, was sie erkundet hatten.

21 Die Anschauungen der Plainsindianer über die Seele und das Totenreich sind äußerst schwierig zu interpretieren, da zur Zeit ihrer Erforschung im vorigen Jahrhundert die alten Überzeugungen bereits durch den Einfluß der christlichen Missionare verdrängt bzw. damit vermischt waren; außerdem waren die Befragten in der Regel nicht bereit, darüber zu sprechen.

22 In alter Zeit hatten die Indianer mehrere Methoden, um durch weithin sichtbare Signale Mitteilungen zu machen. Bei den Rauchsignalen wurde, möglichst auf einem Hügel oder Berge, ein Feuer angezündet. Durch Darüberhalten und Wegziehen einer Decke wurde die aufsteigende Rauchsäule nach Belieben unterbrochen; auf diese Weise konnten vorher vereinbarte Zeichen gegeben werden.

Andere Signale wurden durch das Schwenken einer Decke, durch Reiten in Kreisen und anderen Figuren und mittels kleiner, runder, von den Weißen eingehandelter Spiegel gegeben.

23 Mit diesem symbolischen Akt verteidigten junge Mädchen ihren Anspruch auf Jungfräulichkeit; ein Mann, der unter den zeremoniellen Bedingungen des Jungfrauenfestes die Behauptung aufrechterhalten konnte, er habe die Genitalien eines Mädchens berührt, durfte darauf bestehen, daß sie aus der Elitegruppe ausgestoßen wurde.

24 Das indianische Dampf- oder Schwitzbad bestand aus einer niedrigen, rundgewölbten Hütte aus dünnen Stangen, welche beim Gebrauch mit Decken oder Fellen bedeckt wurde. Wenn sich der Badende im Innern dieser Hütte entkleidet hatte, wurden ihm von außen in einem Feuer glühendheiß gemachte Steine zugeschoben, auf welche er Wasser sprengte. Der sich entwickelnde dichte, heiße Dampf verursachte ein ausgiebiges Schwitzen. Zum Schluß sprang der Badende in einen nahen See oder Fluß, um sich abzukühlen. Außer der gesundheit-

lichen hatte das Schwitzbad – den Waschungen der Orientalen vergleichbar – auch eine religiöse Bedeutung.

25 Die Beisetzung der Toten fand bei diesen Stämmen auf verschiedene Weise statt. Gewöhnlich hüllte man die Leiche in Decken und legte sie auf einer aus geraden Stangen gebildeten, in den Ästen eines Baumes angelegten Plattform nieder. Befand sich die Familie oder der Stamm fern von bewaldeten Flußtälern oder Gebirgen auf offener Prärie, benutzte man statt eines Baumes ein hohes Gerüst aus Zeltstangen. Eine andere, aber seltenere Bestattungsweise, die nur bei bedeutenderen oder besonders beliebten Persönlichkeiten angewandt wurde, war die in diesem Buche geschilderte Aufbahrung in einem Zelte.

26 He, he, he! Ein Ausruf in der Dakotasprache, der lebhaftes Bedauern und Mitleid ausdrückt.

27 Das Süßgras, eine aromatische Grasart, von den Indianern »Watschangra« genannt, wird heute noch von den nichtchristlichen Indianern bei vielen religiösen Handlungen gebraucht, und zwar bei den westlichen Dakota, um böse Geister und Einflüsse zu verscheuchen.

28 Das Mundstück der Pfeife in die Richtung zu halten, wo man den Sitz der verschiedenen Naturgottheiten vermutet, also gegen die »Mutter Erde«, zur Sonne, in die vier Himmelsrichtungen und gerade in die Höhe, zum Sitz des »Großen Geheimnisses«, ist eine altindianische Form des Rauchopfers und des Gebetes. Alte Indianer machen heute noch oft diese Bewegungen vor dem gewöhnlichen Rauchen.

29 Wenn ein Medizinmann Visionen oder Träume bekam, durch die er in den Stand gesetzt wurde, den Aufenthalt und die Bewegungen der Feinde richtig anzugeben oder vorauszusagen, so gewann er großes Ansehen und wurde ein »Suja Wakan«, d. h. »Einer, der auf mysteriöse Weise in den Krieg zieht«. Die Weißen nannten ihn dann »Kriegsprophet«.

30 Da fast ein jeder der zahllosen Indianerstämme eine besondere Sprache spricht – es gibt in Nordamerika gegen vierhundert Indianersprachen –, so waren die Indianer schon in der Urzeit gezwungen, eine allgemeinverständliche Zeichensprache zu erfinden. Diese der Taubstummensprache nicht unähnliche Zeichensprache wurde von fast allen Stämmen in der Prärieregion, von Kanada bis nach Mexiko und vom Mississippi bis an die Rocky Mountains, gebraucht und verstan-

den. Mit dieser Sprache konnten die Indianer nicht nur einzelne Zeichen geben, sondern sogar Geschichten erzählen und fast alles ausdrücken, was in den gesprochenen Sprachen gesagt werden kann. Das Zeichen für »Antilope« zum Beispiel wird so gemacht, daß man die geschlossene rechte Hand, nur den Zeigefinger und den Daumen gestreckt und gespreizt (das gegabelte Horn der Prärieantilope andeutend) an die rechte Seite des Kopfes hält. Das Zeichen für »Schild« wird gemacht, indem man Zeigefinger und Daumen der rechten Hand krümmt (die runde Gestalt des Schildes andeutend), die übrigen Finger schließt und die Hand in dieser Stellung an den linken Oberarm (an dem der Schild getragen wurde) legt.

Inzwischen ist diese Zeichensprache bei dem jetzt heranwachsenden Geschlecht weitgehend durch die englische Sprache ersetzt und verdrängt worden.

31 Anokasan (Der auf beiden Seiten weiß ist) nannten die Dakotaindianer den weißköpfigen Adler (aquila albicilla). Dieser entspricht dem europäischen Seeadler. Er ist der Wappenvogel der Vereinigten Staaten.

32 Tschanotidan oder Oglugitschana ist eine Waldgottheit der Dakota, und zwar eine der sehr wenigen, denen menschliche Gestalt zugeschrieben wurde. Die meisten ihrer Gottheiten stellen sich die Dakota in Gestalt von Tieren vor.

33 Die kanadischen Mischlinge waren Abkömmlinge der französisch-kanadischen Trapper (Fallensteller) und Jäger und deren indianischer Frauen, welche meist einem der großen Algonkinstämme der kanadischen Waldregion (wie den Cree oder Ojibway) angehörten.

34 Die Hudsonbay-Gesellschaft ist ursprünglich eine große Pelzhandelsgesellschaft, welche im Jahre 1670 von der englischen Regierung ein Handelsmonopol in den »Ländern um die Hudsonbay« erhielt, nebst dem Rechte, »Gesetze zu machen, Festungen zu bauen, Krieg zu führen und Frieden zu schließen mit jedem nichtchristlichen Volke in diesen Gegenden«.

Nachdem im Jahre 1763 Kanada von Frankreich an England abgetreten worden war, dehnte die Gesellschaft ihre Interessensphäre bis an den Arktischen und Stillen Ozean aus, und ihre Einkünfte stiegen ins Unermeßliche.

Im Jahre 1869 trat diese Gesellschaft viele ihrer Rechte an die kanadische Regierung ab. In abgelegeneren Gegenden unterhält sie aber heute noch viele Handelsstationen und verfügt über ausgedehnten Grundbesitz.

35 Der amerikanische Büffel oder Bison (bos bison americanus) wurde in den 70er und 80er Jahren des 19. Jahrhunderts fast völlig ausgerottet, hauptsächlich durch weiße Jäger. Die Prärieindianer waren auf dieses prächtige Tier nicht nur für ihre Nahrung, sondern auch für Kleidung und Wohnung angewiesen. Die weichgegerbte, oft schön bemalte Büffeldecke wurde als äußeres Gewand getragen, und die Zeltdecke bestand ebenfalls aus Büffelleder. Um das Jahr 1895 betrug die Gesamtzahl dieser nur noch in Wildgehegen vorkommenden Tiere gegen 800 Stück, so daß man das völlige Aussterben dieses Wildes befürchtete. Seither sind aber durch die Bemühungen von einflußreichen und wohlhabenden Naturfreunden sowie durch die Regierungen der Vereinigten Staaten und Kanadas größere, wohlgeschützte Wildparks eingerichtet worden, in denen sich die Büffel neuerdings wieder bis auf einige Tausend vermehrt haben, so daß die Erhaltung dieser Tiergattung jetzt gesichert erscheint.

Die Ausrottung des Büffels auf den Prärien vernichtete auch den letzten Rest der politischen Selbständigkeit der Prärieindianer, und sie gerieten nun in völlige Abhängigkeit von den Weißen.

36 Die sogenannten Kissensättel der französisch-indianischen Mischlinge waren aus Büffelleder verfertigt und mit Büffelwolle ausgestopft. Die meist sehr sorgfältig ausgeführten schönen Perlenstickereien an diesen Sätteln zeigten, im Gegensatz zu den streng geometrischen altindianischen Stickereien, Pflanzen, d. h. Blumen- und Blattmotive, die dann später von indianischen Frauen anderer Stämme nachgeahmt wurden.

37 Pemmikan. Man schnitt Büffelfleisch in dünne Streifen und dörrte es auf Gerüsten an der freien Luft. Dann wurde es mit schweren Steinhämmern zerklopft, mit heißem Fett übergossen, zuweilen mit wilden Beeren oder Kirschen vermischt und in rohlederne Behälter verpackt. Es hielt sich in dieser Form fast unbegrenzt lange und bildete eine äußerst nahrhafte Speise, die auch bei der weißen Grenzbevölkerung, Jägern und Fallenstellern, beliebt war.

38 Little Crow (Ta-oya-te-duta), Häuptling der Mdewkanton-Sioux, war 1862 bereits ein alter Mann. Er hatte nach der Unterzeich-

nung der beiden Verträge, die sein Volk um sein Land und dann auch noch um das dafür versprochene Geld brachten, resigniert. Die leeren Versprechungen aus Washington, das Kreditsystem der weißen Händler und Hunger infolge schlechter Ernten auf dem zugewiesenen unfruchtbaren Land führten im Sommer jenes Jahres zu dem blutigen Aufstand, an dessen Spitze sich widerstrebend Little Crow stellte: Er wußte, daß dies den Untergang der letzten freien Santee-Sioux in Minnesota bedeutete. Die Überlebenden flohen nach Kanada, unter ihnen der junge Ohijésa, der sich später Charles Alexander Eastman nannte.

39 Andrew Myrick, ein weißer Händler auf der Unteren Regierungsagentur am Yellow Medicine River, hatte hungernden Indianern, die vergeblich auf die Renten aus Washington gewartet hatten und Lebensmittel auf Kredit verlangten, geantwortet: »Wenn die Indianer hungrig sind, dann sollen sie Gras oder ihre Scheiße fressen.« Diese Beleidigung war einer der Anlässe des Minnesota-Aufstands. Dem toten Myrick stopften die Indianer Gras in den Mund.

40 »Territorium« hießen die einzelnen Staaten, ehe sie formell in den Bund der Vereinigten Staaten aufgenommen wurden. Das letztere konnte erst geschehen, wenn das Territorium mindestens 60 000 weiße Einwohner zählte.

Zur Ausstattung des Buches

Die Illustrationen und die Anmerkungen dieser Ausgabe stammen von Frederick Weygold, einem amerikanischen Ethnographen und Indianer-Maler, der um die Jahrhundertwende auch in Europa als Fachmann bekannt war. Die Details seiner Zeichnungen gehen auf eine langjährige Beobachtung der Lebensgewohnheiten und Erscheinungsformen westlicher Dakota-Stämme zurück, die sich von denen der Wald-Dakota Ohijésas, die aus ihren Jagdgründen vier Jahrzehnte zuvor vertrieben worden waren und keine Ethnie mehr bildeten, nur wenig unterschieden.

Romane, Erzählungen, Prosa

Hans Christian Andersen. Glückspeter
Mit Scherenschnitten von Alfred Thon. it 643

Bettina von Arnim. Bettina von Arnims Armenbuch
Herausgegeben von Werner Vordtriede. it 541
– Dies Buch gehört dem König
Herausgegeben von Ilse Staff. it 666
– Die Günderode
Mit einem Essay von Christa Wolf. it 702

Apuleius. Der goldene Esel
Mit Illustrationen von Max Klinger zu »Amor und Psyche«. Aus dem Lateinischen von August Rode. Mit einem Nachwort von Wilhelm Haupt. it 146

Jane Austen. Emma
Aus dem Englischen von Charlotte Gräfin von Klinckowstroem. it 511

Honoré de Balzac. Die Frau von dreißig Jahren
Deutsch von W. Blochwitz. it 460
– Das Mädchen mit den Goldaugen
Aus dem Französischen von Ernst Hardt. Vorwort Hugo von Hofmannsthal. Illustrationen Marcus Behmer. it 60

Joseph Bédier. Tristan und Isolde
Roman. Deutsch von Rudolf G. Binding. Mit Holzschnitten von 1484. it 387

Harriet Beecher-Stowe. Onkel Toms Hütte
In der Bearbeitung einer alten Übersetzung herausgegeben und mit einem Nachwort versehen von Wieland Herzfelde. Mit 27 Holzschnitten von George Cruikshank aus der englischen Ausgabe von 1852. it 272

Ambrose Bierce. Aus dem Wörterbuch des Teufels
Auswahl, Übersetzung und Nachwort von Dieter E. Zimmer. it 440
– Mein Lieblingsmord
Erzählungen. Aus dem Amerikanischen von G. Günther. it 39

Die Blümlein des heiligen Franziskus von Assisi
Aus dem Italienischen nach der Ausgabe der Tipografia Metastasio, Assisi 1901, von Rudolf G. Binding. Mit Initialen von Carl Weidemeyer. it 48

Romane, Erzählungen, Prosa

Blumenschatten hinter dem Vorhang. Von Ting Yao Kang. Aus dem Chinesischen übertragen und mit einem Nachwort versehen von Franz Kuhn. Mit 18 Holzschnitten. it 744

Giovanni di Boccaccio. Das Dekameron
Hundert Novellen. Ungekürzte Ausgabe. Aus dem Italienischen von Albert Wesselski und mit einer Einleitung versehen von André Jolles. Mit venezianischen Holzschnitten. Zwei Bände. it 7/8

Hermann Bote: Ein kurzweiliges Buch von Till Eulenspiegel aus dem Lande Braunschweig. Wie er sein Leben vollbracht hat. Sechsundneunzig seiner Geschichten.
Herausgegeben, in die Sprache unserer Zeit übertragen und mit Anmerkungen versehen von Siegfried H. Sichtermann. Mit zeitgenössischen Illustrationen. it 336

Clemens Brentano. Gedichte, Erzählungen, Briefe
Herausgegeben von Hans Magnus Enzensberger. it 557

Emily Brontë. Die Sturmhöhe
Aus dem Englischen von Grete Rambach. it 141

Giordano Bruno. Das Aschermittwochsmahl
Übersetzt von Ferdinand Fellmann. Mit einer Einleitung von Hans Blumenberg. it 548

Gottfried August Bürger. Wunderbare Reisen zu Wasser und zu Lande. Feldzüge und lustige Abenteuer des Freiherrn von Münchhausen
Mit Holzschnitten von Gustave Doré. it 207

Hans Carossa. Eine Kindheit. it 295
– Verwandlungen einer Jugend. it 296

Lewis Carroll. Geschichten mit Knoten
Herausgegeben und übersetzt von W. E. Richartz. Mit Illustrationen von Arthur B. Frost. it 302
– Alice im Wunderland
Mit 42 Illustrationen von John Tenniel. Übersetzt und mit einem Nachwort versehen von Christian Enzensberger. it 42
– Alice hinter den Spiegeln
Mit Illustrationen von John Tenniel. Übersetzt von Christian Enzensberger. it 97

insel taschenbücher
Alphabetisches Verzeichnis

Aladin und die Wunderlampe 199
Ali Baba und die vierzig Räuber 163
Allerleirauh 115
Alte und neue Lieder 59
Alt-Kräuterbüchlein 456
Alt-Prager Geschichten 613
Amman: Frauentrachtenbuch 717
Andersen: Glückspeter 643
Andersen: Märchen (3 Bände in Kassette) 133
Andersen: Märchen meines Lebens 356
Andreas-Salomé, Lou: Lebensrückblick 54
Anekdotenbuch 708
Appetit-Lexikon 651
Apulejus: Der goldene Esel 146
Arcimboldo: Figurinen 680
Arnim, Bettina von: Armenbuch 541
Arnim, Bettina von: Aus meinem Leben 642
Arnim, Bettina von: Dies Buch gehört dem König 666
Arnim, Bettina von: Die Günderode 702
Arnim/Brentano: Des Knaben Wunderhorn 85
Artmann: Christopher und Peregrin 488
Austen: Emma 511
Balzac: Die Frau von dreißig Jahren 460
Balzac: Das Mädchen mit den Goldaugen 60
Balzac: Über die Liebe 715
Basile: Das Märchen aller Märchen »Der Pentamerone« 354
Baudelaire: Blumen des Bösen 120
Bayley: Reise der beiden Tiger 493
Bayley: 77 Tiere und ein Ochse 451
Beaumarchais: Figaros Hochzeit 228
Bédier: Der Roman von Tristan und Isolde 387
Beecher-Stowe: Onkel Toms Hütte 272
Beisner: Adreßbuch 294
Beisner: Das Sternbilderbuch 587
Bender: Herbstbuch 657
Bender: Katzenbuch 567
Bender: Winterbuch 728
Berg. Leben und Werk 194
Bierce: Mein Lieblingsmord 39
Bierce: Wörterbuch des Teufels 440
Bilibin: Märchen vom Herrlichen Falken 487
Bilibin: Wassilissa 451
Bin Gorion: Born Judas 533
Blake: Lieder der Unschuld 116
Blei: Das große Bestiarium der modernen Literatur 660
Die Blümlein des heiligen Franziskus 48
Blumenschatten hinter dem Vorhang 744
Boccaccio: Das Dekameron (2 Bände) 7/8
Borchers: Das Adventbuch 449
Borchers/Brierley: Der König der Tiere und seine Freunde 622
Borchers/Schlote: Briefe an Sarah 568
Borchers/Schlote: Heute wünsch ich mir ein Nilpferd 629
Bornkamm: Jahrhundert der Reformation 713
Borst: Alltagsleben im Mittelalter 513
Bote: Eulenspiegel 336
Brandenberg/Aliki: Alle Mann fertig? 646
Brantôme: Das Leben der galanten Damen 586
Brecht: Bertolt Brechts Hauspostille 617
Brecht. Leben und Werk 406
Brentano: Gedichte, Erzählungen, Briefe 557
Brentano: Gockel Hinkel Gackeleia 47
Brentano: Italienische Märchen 695
Brillat-Savarin: Physiologie des guten Geschmacks 423
Brontë: Die Sturmhöhe 141
Bruno: Das Aschermittwochsmahl 548
Das Buch der Liebe 82
Das Buch vom Tee 412
Büchner: Der Hessische Landbote 51
Büchner: Lenz 429
Büchner: Leonce und Lena 594
Bürger: Münchhausen 207
Bürgers Liebe 564

Busch: Kritisch-Allzukritisches 52
Busch: Sämtliche Bilderbogen 620
Carossa: Erinnerungen an Padua und Ravenna 581
Carossa: Kindheit 295
Carossa: Leben und Werk 348
Carossa: Verwandlungen 296
Carroll: Alice hinter den Spiegeln 97
Carroll: Alice im Wunderland 42
Carroll: Briefe an kleine Mädchen 172
Carroll: Geschichten mit Knoten 302
Carroll: Die Jagd nach dem Schnark 598
Las Casas: Bericht von der Verwüstung der Westindischen Länder 553
Cervantes: Don Quixote (3 Bände) 109
Chamisso: Peter Schlemihl 27
Chinesische Liebesgedichte 442
Chinesische Volkserzählungen 522
Claudius: Wandsbecker Bote 130
Columbus: Das Bordbuch 476
Cooper: Der Lederstrumpf (5 Bände in Kassette) 760
Cortez: Die Eroberung Mexikos 393
Dante: Die Göttliche Komödie (2 Bände) 94
Daudet: Briefe aus meiner Mühle 446
Daudet: Montagsgeschichten 649
Daudet: Tartarin von Tarascon 84
Daumier: Antike Geschichte 560
Defoe: Moll Flanders 707
Defoe: Robinson Crusoe 41
Deutsche Heldensagen 345
Deutsche Künstlernovellen des 19. Jahrhunderts 656
Deutsche Sagen (2 Bände) 481
Deutsche Volksbücher (3 Bände) 380
Dickens: David Copperfield 468
Dickens: Große Erwartungen 667
Dickens: Oliver Twist 242
Dickens: Der Raritätenladen 716
Dickens: Weihnachtserzählungen 358
Diderot: Erzählungen und Gespräche 554
Diderot: Die Nonne 31
Dostojewski: Der Idiot 740
Dostojewski: Schuld und Sühne 673
Dostojewski: Der Spieler 515
Die drei Reiche 585
Droste-Hülshoff: Bei uns zulande auf dem Lande 697
Droste-Hülshoff: Die Judenbuche 399
Dumas: Der Graf von Monte Christo (2 Bände) 266
Dumas: Die Kamliendame 546
Dumas: König Nußknacker 291
Eastman: Ohijesa 519
Ebeling: Martin Luthers Weg und Wort 439
Eckermann: Gespräche mit Goethe 500
Eich/Köchl: Der 29. Februar 616
Eichendorff: Aus dem Leben eines Taugenichts 202
Eichendorff: Gedichte 255
Eichendorff: Novellen und Gedichte 360
Ein Mann wie Lessing täte uns not 537
Die Eisenbahn 676
Eisherz und Edeljaspis 123
Enzensberger: Edward Lears kompletter Nonsens I 480
Enzensberger: Edward Lears kompletter Nonsens II 502
Erasmus von Rotterdam: Lob der Torheit 369
Ernst, Paul: Der Mann mit dem tötenden Blick 434
Erotische Geschichten aus 1001 Nächten 704
Die Erzählungen aus den Tausendundein Nächten (12 Bände in Kassette) 224
Europa 638
Faber: Denk ich an Deutschland... 628
Der Familienschatz 34
Feuerbach: Merkwürdige Verbrechen 512
Fielding: Die Geschichte des Tom Jones, eines Findlings 504
Ein Fisch mit Namen Fasch 222
Flach: Minestra 552
Flaubert: Bouvard und Pécuchet 373
Flaubert: Drei Erzählungen/Trois Contes 571
Flaubert: Lehrjahre des Gefühls 276
Flaubert: Madame Bovary 167
Flaubert: November 411
Flaubert: Salammbô 342
Flaubert: Die Versuchung des heiligen Antonius 432
Florenz 633

Fontane: Allerlei Glück 641
Fontane: Cécile 689
Fontane: Effi Briest 138
Fontane: Ein Leben in Briefen 540
Fontane: Frau Jenny Treibel 746
Fontane: Kinderjahre 705
Fontane: Der Stechlin 152
Fontane: Unwiederbringlich 286
Fontane: Vor dem Sturm 583
Forster: Reise um die Welt 757
le Fort. Leben und Werk 195
France: Blaubarts Frauen 510
Frank: Das kalte Herz 330
Frauenbriefe der Romantik 545
Friedrich, C. D.: Auge und Landschaft 62
Gage/Hafner: Mathilde und das Gespenst 640
Gasser: Kräutergarten 377
Gasser: Spaziergang durch Italiens Küchen 391
Gasser: Tante Melanie 192
Gassers Köchel-Verzeichnis 96
Gebete der Menschheit 238
Das Geburtstagsbuch für Kinder 664
Geistliche Gedichte 668
Gernhardt: Ein gutes Schwein 2012
Gernhardt: Mit dir sind wir vier 2003
Gernhardt, R. u. A.: Was für ein Tag 544
Geschichten der Liebe aus 1001 Nächten 38
Geschichten vom Buch 722
Gesta Romanorum 315
Goethe: Anschauendes Denken 550
Goethe: Dichtung und Wahrheit (3 Bände) 149–151
Goethe: Erfahrung der Geschichte 650
Goethe: Die erste Schweizer Reise 300
Goethe: Faust (2 Bände in Kassette) 50
Goethe: Frühes Theater 675
Goethe: Gedichte in zeitlicher Folge (2 Bände) 350
Goethe: Gespräche mit Eckermann (2 Bände) 500
Goethe: Hermann und Dorothea 225
Goethe: Italienische Reise 175
Goethe: Klassisches Theater 700
Goethe: Das Leben des Benvenuto Cellini 525
Goethe: Die Leiden des jungen Werther 25
Goethe: Liebesgedichte 275
Goethe: Maximen und Reflexionen 200
Goethe: Novellen 425
Goethe: Reineke Fuchs 125
Goethe: Das römische Carneval 750
Goethe/Schiller: Briefwechsel (2 Bände) 250
Goethe: Tagebuch der italienischen Reise 176
Goethe: Trostbüchlein 400
Goethe: Über die Deutschen 325
Goethe: Wahlverwandtschaften 1
Goethe – warum? 759
Goethe: West-östlicher Divan 75
Goethe: Wilhelm Meisters Lehrjahre 475
Goethe: Wilhelm Meisters theatralische Sendung 725
Goethe: Wilhelm Meisters Wanderjahre oder die Entsagenden 575
Goethes letzte Schweizer Reise 375
Gogh: Briefe 177
Gogol: Der Mantel 241
Gogol: Die Nacht vor Weihnachten 584
Goncourt: Tagebücher 692
Gontscharow: Oblomow 472
Gorki: Der Landstreicher und andere Erzählungen 749
Grandville: Beseelte Blumen 524
Greenaway: Mutter Gans 28
Griechisches Theater 721
Grillparzer: Der arme Spielmann 690
Grimmelshausen: Courasche 211
Grimmelshausen: Simplicissimus 739
Grimm: Deutsche Sagen (2 Bände) 481
Grimms Märchen (3 Bände) 112/113/114
Die großen Detektive Bd. 1 101
Die großen Detektive Bd. 2 368
Das große Lalula 91
Günther: Ein Mann wie Lessing täte uns not 537
Gundert: Marie Hesse 261
Gundlach: Der andere Strindberg 229
Hauff-Märchen (2 Bände) 216/217
Hausmann: Der Hüttenfuchs 730
Hawthorne: Der scharlachrote Buchstabe 436
Hebel: Kalendergeschichten 17

Hebel: Schatzkästlein des rheinischen Hausfreundes 719
Heine: Atta Troll 748
Heine: Buch der Lieder 33
Heine: Deutschland. Ein Wintermärchen 723
Heine. Leben und Werk 615
Heine: Memoiren des Herren von Schnabelewopski 189
Heine: Reisebilder 444
Heine: Romanzero 538
Heine: Shakespeares Mädchen 331
Das Herbstbuch 657
Heseler: Ich schenk' Dir was 556
Heseler: Das liebe lange Jahr 2008
Hesse: Bäume 455
Hesse: Dank an Goethe 129
Hesse: Geschichten aus dem Mittelalter 161
Hesse: Hermann Lauscher 206
Hesse: Kindheit des Zauberers 67
Hesse: Knulp 394
Hesse. Leben und Werk 36
Hesse: Magie der Farben 482
Hesse: Meisterbuch 310
Hesse: Piktors Verwandlungen 122
Hesse: Schmetterlinge 385
Hesse: Der Zwerg 636
Hesse/Schmögner: Die Stadt 236
Hesse/Weiss: Der verbannte Ehemann 260
Hildesheimer: Waschbären 415
Hitzig: E.T.A. Hoffmanns Leben und Nachlaß 755
Hölderlin-Chronik 83
Hölderlin: Dokumente seines Lebens 221
Hölderlin: Hyperion 365
Hölderlins Diotima Susette Gontard 447
E.T.A. Hoffmann: Elementargeist 706
E.T.A. Hoffmann: Elixiere des Teufels 304
E.T.A. Hoffmann: Das Fräulein von Scuderi 410
E.T.A. Hoffmann: Der goldne Topf 570
E.T.A. Hoffmann: Kater Murr 168
E.T.A. Hoffmann: Meister Floh 503
E.T.A. Hoffmann: Nachtstücke 589
E.T.A. Hoffmann: Prinzessin Brambilla 418
E.T.A. Hoffmann: Die Serapionsbrüder (4 Bände in Kassette) 631
E.T.A. Hoffmann: Der unheimliche Gast 245
Das Hohe Lied 600
Homer: Ilias 153
Horváth. Leben und Werk 237
Huch, Ricarda: Der Dreißigjährige Krieg (2 Bände) 22/23
Hugo: Notre-Dame von Paris 298
Ibsen: Nora 323
Idyllen der Deutschen 551
Immermann: Münchhausen 747
Indische Liebeslyrik 431
Die Insel 578
Irving: Dietrich Knickerbockers humoristische Geschichte der Stadt 592
Isle-Adam: Grausame Geschichten 303
Istanbul 530
Jacobsen: Die Pest in Bergamo 265
Jacobsen: Niels Lyhne 44
Jan: Batu-Khan 462
Jan: Zum letzten Meer 463
Jean Paul: Der ewige Frühling 262
Jean Paul: Des Luftschiffers Gianozzo Seebuch 144
Jean Paul: Titan 671
Johnson: Reisen nach den westlichen Inseln bei Schottland 663
Jung-Stilling: Lebensgeschichte 709
Kästner: Griechische Inseln 118
Kästner: Kreta 117
Kästner: Leben und Werk 386
Kästner: Die Lerchenschule 57
Kästner: Ölberge, Weinberge 55
Kästner: Die Stundentrommel vom heiligen Berg Athos 56
Kairo 696
Kang: Die schwarze Reiterin 474
Kant-Brevier 61
Kaschnitz: Beschreibung eines Dorfes 665
Kaschnitz: Courbet 327
Kaschnitz: Eisbären 4
Kasperletheater für Erwachsene 339
Das Katzenbuch 567
Keller: Der grüne Heinrich (2 Bände) 335
Keller: Romeo und Julia auf dem Dorfe 756

Keller: Das Sinngedicht 632
Keller: Züricher Novellen 201
Keller, Harald: Kunstlandschaften Italiens (2 Bände in Kassette) 627
Kessler, Harry Graf: Tagebücher 1918–1937 659
Kierkegaard: Briefe 727
Kierkegaard: Tagebuch des Verführers 405
Kin Ping Meh 253
Kleist: Erzählungen 247
Kleist: Geschichte meiner Seele 281
Kleist. Leben und Werk 371
Kleist: Die Marquise von O. 299
Kleist: Der zerbrochene Krug 171
Klingemann: Nachtwachen von Bonaventura 89
Knigge: Über den Umgang mit Menschen 273
Kolumbus: Bordbuch 476
Kühn: Liederbuch für Neidhart 742
Kühn: Ich Wolkenstein 497
Laclos: Schlimme Liebschaften 12
Lamb: Shakespeare Novellen 268
Lange: Edith Piaf 516
Lear: Edward Lears kompletter Nonsens (2 Bände) 502
Lessing: Dramen 714
Lévi-Strauss: Weg der Masken 288
Liselotte von der Pfalz 428
Literarischer Führer durch Deutschland 527
Liebe Mutter 230
Lieber Vater 231
Lichtenberg: Aphorismen 165
Linné: Lappländische Reise 102
Lobel: Maus im Suppentopf 383
Lobel: Mäusegeschichten 173
Der Löwe und die Maus 187
London 322
London, Jack: Ruf der Wildnis 352
London, Jack: Die Goldschlucht 407
Longus: Daphnis und Chloe 136
Lorca: Die dramatischen Dichtungen 3
Luther: Jona und Habakuk 688
Luther: Vorreden zur Bibel 677
Luther im Gespräch 670
Märchen der Romantik (2 Bände) 285
Märchen deutscher Dichter 13
Malkowski/Köhler: Die Nase 549
Malory: König Artus (3 Bände) 239
Marc Aurel: Wege zu sich selbst 190
Masereel: Die Idee 591
Maupassant: Bel-Ami 280
Maupassant: Die Brüder 712
Maupassant: Das Haus Tellier 248
Maupassant: Pariser Abenteuer 106
Maupassant: Unser einsames Herz 357
Mayröcker/Eberle: Sinclair Sofokles 652
Meckel: Allgemeine Erklärung der Menschenrechte 682
Melville: Benito Cereno 644
Melville: Israel Potter 517
Melville: Moby Dick 233
Die Memoiren des Robert-Houdin 506
Mercier: Mein Bild von Paris 374
Mérimée: Carmen 361
Merkbuch für Geburtstage 155
Metken: Reisen als schöne Kunst betrachtet 639
Michelangelo. Leben und Werk 148
Michelangelo: Zeichnungen und Dichtungen 147
Michelet: Frauen der Revolution 726
Minnesinger 88
Mirabeau: Der gelüftete Vorhang 32
Mörike: Alte unnennbare Tage 246
Mörike: Die Historie von der schönen Lau 72
Mörike: Maler Nolten 404
Mörike: Mozart auf der Reise nach Prag 376
Molière: Der Menschenfeind 401
Montaigne: Essays 220
Montesquieu: Persische Briefe 458
Mordillo: Crazy Cowboy 2004
Mordillo: Crazy Crazy 2009
Mordillo: Das Giraffenbuch 37
Mordillo: Das Giraffenbuch II 71
Mordillo: Träumereien 108
Morgenländische Erzählungen 409
Morgenstern: Alle Galgenlieder 6
Morgenstern/Heseler: Schnauz und Miez 2006
Morier: Die Abenteuer des Hadji Baba 523
Das Moritatenbuch 559
Moritz: Anton Reiser 433
Moskau 467
Mozart: Briefe 128

Musäus: Rübezahl 73
Die Nase 549
Nestroy: Lumpazivagabundus und andere Komödien 710
Nestroy: Stich- und Schlagworte 270
Die Nibelungen 14
New York 592
Nietzsche: Ecce Homo 290
Nietzsche: Der Fall Wagner 686
Nietzsche: Die fröhliche Wissenschaft »La gaya scienza« 635
Nietzsche: Menschliches, Allzumenschliches 614
Nietzsche: Morgenröte 678
Nietzsche: Unzeitgemäße Betrachtungen 509
Nietzsche: Zarathustra 145
Nijinsky: Nijinsky. Der Gott des Tanzes 566
Nossack/Heras: Der König geht ins Kino 599
Novalis. Dokumente seines Lebens 178
Novalis: Heinrich von Ofterdingen 596
Offenbach: Pariser Leben 543
Okakura: Das Buch vom Tee 412
Orbis Pictus 9
Ovid: Ars Amatoria 164
Das Papageienbuch 424
Paris 389
Pascal: Größe und Elend des Menschen 441
Penzoldt. Leben und Werk 547
Pepys: Das geheime Tagebuch 637
Petrarca: Dichtungen, Briefe, Schriften 486
Phaïcon I 69
Phaïcon II 154
Platon: Phaidon 379
Platon: Symposion oder Über den Eros 681
Platon: Theaitet 289
Poe: Grube und Pendel 362
Polaris III 134
Poesie-Album 414
Polnische Volkskunst 448
Pontoppidan: Hans im Glück (2 Bände) 569
Potocki: Die Handschrift von Saragossa (2 Bände) 139
Prévert/Henriquez: Weihnachtsgäste 577
Prévost: Manon Lescaut 518
Proust/Atget: Ein Bild von Paris 669
Puschkin/Bilibin: Das Märchen vom Zaren Saltan und Das Märchen vom goldenen Hahn 2002
Quincey: Der Mord als eine schöne Kunst betrachtet 258
Raabe: Die Chronik der Sperlingsgasse 370
Raabe: Hastenbeck 563
Rabelais: Gargantua und Pantagruel (2 Bände) 77
Die Räuber vom Liang Schan Moor (2 Bände) 191
Reden und Gleichnisse des Tschuang Tse 205
Reimlexikon (2 Bände) 674
Der Rhein 624
Richter: Familienschatz 34
Rilke: Die Aufzeichnungen des Malte Laurids Brigge 630
Rilke: Ausgesetzt auf den Bergen des Herzens 98
Rilke: Briefe über Cézanne 672
Rilke: Das Buch der Bilder 26
Rilke: Die drei Liebenden 355
Rilke: Duineser Elegien/Sonette an Orpheus 80
Rilke: Gedichte 701
Rilke: Geschichten vom lieben Gott 43
Rilke: Neue Gedichte 49
Rilke: Späte Erzählungen 340
Rilke: Das Stunden-Buch 2
Rilke: Wladimir, der Wolkenmaler 68
Rilke: Worpswede 539
Rilke: Zwei Prager Geschichten 235
Rilke. Leben und Werk 35
Robinson: Onkel Lubin 254
Römische Sagen 466
Rousseau: Zehn Botanische Lehrbriefe für Frauenzimmer 366
Rumohr: Geist der Kochkunst 326
Runge. Leben und Werk 316
Sacher-Masoch: Venus im Pelz 469
Der Sachsenspiegel 218
Sagen der Juden 420
Sagen der Römer 466
Sand: Geschichte meines Lebens 313
Sand: Indiana 711

Sand. Leben und Werk 565
Sand: Lélia 737
Sappho: Liebeslieder 309
Schadewaldt: Sternsagen 234
Scheerbart: Liebes- und Schmollbriefe 724
Schiller: Der Geisterseher 212
Schiller. Leben und Werk 226
Schiller/Goethe: Briefwechsel (2 Bände) 250
Schiller: Wallenstein 752
Schlegel: Theorie der Weiblichkeit 679
Schlote: Das Elefantenbuch 78
Schlote: Fenstergeschichten 103
Schlote: Geschichte vom offenen Fenster 287
Schmögner: Das Drachenbuch 10
Schmögner: Das Guten Tag Buch 496
Schmögner: Ein Gruß an Dich 232
Schmögner: Das neue Drachenbuch 2013
Schmögner: Das unendliche Buch 40
Schmögner/Heller: Vogels Neues Tierleben 698
Schneider. Leben und Werk 318
Schopenhauer: Aphorismen zur Lebensweisheit 223
Schopenhauer: Kopfverderber 661
Schwab: Sagen des klassischen Altertums (3 Bände) 127
Scott: Ivanhoe 751
Sealsfield: Kajütenbuch 392
Seneca: Von der Seelenruhe 743
Sévigné: Briefe 395
Shakespeare: Hamlet 364
Shaw-Brevier 159
Sindbad der Seefahrer 90
Skaldensagas 576
Sophokles: Antigone 70
Sophokles: König Ödipus 15
de Staël: Über Deutschland 623
Stendhal: Die Kartause von Parma 307
Stendhal: Lucien Leuwen 758
Stendhal: Rot und Schwarz 213
Stendhal: Über die Liebe 124
Sternberger: Über Jugendstil 274
Sterne: Das Leben und die Meinungen des Tristram Shandy 621
Sterne: Yoricks Reise 277
Sternzeichen aus einem alten Schicksalsbuch:
Skorpion 601
Schütze 602
Steinbock 603
Wassermann 604
Fische 605
Widder 606
Stier 607
Zwillinge 608
Krebs 609
Löwe 610
Jungfrau 611
Waage 612
Stevenson: Das Flaschenteufelchen 595
Stevenson: Dr. Jekyll und Mr. Hyde 572
Stevenson: Die Schatzinsel 65
Stifter: Bergkristall 438
Stifter: Der Nachsommer 653
Storm: Am Kamin 143
Storm: Der Schimmelreiter 305
Storm: Werke (6 Bände in Kassette) 731–736
Strindberg: Ein Puppenheim 282
Der andere Strindberg 229
Swift: Gullivers Reisen 58
Swift: Ausgewählte Werke in drei Bänden 654
Tacitus: Germania 471
Der tanzende Tod 647
Taschenspielerkunst 424
Teresa von Avila: Von der Liebe Gottes 741
Thackeray: Das Buch der Snobs 372
Thackeray: Jahrmarkt der Eitelkeit (2 Bände) 485
Timmermans: Dämmerungen des Todes 297
Timmermans: Franziskus 753
Tognola/Adelki: Das Eselchen und der Wolf 2001
Tolstoj: Anna Karenina (2 Bände) 308
Tolstoj: Die großen Erzählungen 18
Tolstoj: Kindheit, Knabenalter, Jünglingsjahre 203
Tolstoj: Krieg und Frieden (4 Bände in Kassette) 590
Tolstoj: Nach vierzig Jahren 691
Tolstoj: Rede gegen den Krieg 703
Tolstoj: Der Überfall 367

Traum der roten Kammer 292
Traxler: Es war einmal ein Mann 454
Traxler: Fünf Hunde erben 1 Million 562
Tschechow: Die Dame mit dem Hündchen 174
Tschechow: Das Duell 597
Tschechow: Der Fehltritt 396
Tschuang-Tse: Reden und Gleichnisse 205
Turgenjew: Erste Liebe 257
Turgenjew: Väter und Söhne 64
Der Turm der fegenden Wolken 162
Twain: Der gestohlene weiße Elefant 403
Twain: Huckleberry Finns Abenteuer 126
Twain: Leben auf dem Mississippi 252
Twain: Tom Sawyers Abenteuer 93
Urgroßmutters Heilmittel 561
Urgroßmutters Kochbuch 457
Varvasovsky: Die Bremer Stadtmusikanten 658
Varvasovsky: Schneebärenbuch 381
Venedig 626
Voltaire: Candide 11
Voltaire: Sämtliche Romane und Erzählungen (2 Bände) 209/210
Voltaire: Zadig 121
Vom Essen und Trinken 293
Vulpius: Rinaldo Rinaldini 426
Wagner: Ausgewählte Schriften 66
Wagner: Die Feen 580
Wagner. Leben und Werk 334
Wagner: Lohengrin 445
Wagner: Die Meistersinger 579
Wagner: Parsifal 684
Wagner-Parodien 687
Wagner: Tannhäuser 378
Wahl/Barton: Vom kleinen klugen Enterich 593
Die Wahrheiten des G.G. Belli 754
Walser, Robert: Fritz Kochers Aufsätze 63
Walser, Robert. Leben und Werk 264
Walser, Robert: Liebesgeschichten 263
Walser/Ficus: Heimatlob 645
Wedekind: Ich hab meine Tante geschlachtet 655
Das Weihnachtsbuch 46
Das Weihnachtsbuch der Lieder 157
Das Weihnachtsbuch für Kinder 156
Wie ein Mann ein fromm Weib soll machen 745
Wieland: Aristipp 718
Wieland-Lesebuch 729
Wie man lebt und denkt 333
Weng Kang: Die schwarze Reiterin 474
Wilde: Die Erzählungen und Märchen 5
Wilde: Gesammelte Werke in zehn Bänden 582
Wilde/Oski: Das Gespenst von Canterville 344
Wilde: Salome 107
Wilde. Leben und Werk 158
Winter: Kinderbahnhof Lokomotive 662
Das Winterbuch 728
Wührl: Magische Spiegel 347
Wogatzki: Der ungezogene Vater 634
Zimmer: Yoga und Buddhismus 45
Zimmermann: Reise um die Welt mit Captain Cook 555
Zola: Germinal 720
Zola: Nana 398
Zweig. Leben und Werk 528